One Theme
クレイス叢書

自己評価のすすめ

「自立」に向けた「自信」を育てる

安彦忠彦
著

図書文化

はじめに

私は、30年も前の自著『自己評価—「自己教育論」を超えて—』（図書文化、1987年刊）の「終章『自己評価』の今日的射程」に、今後の問題として次の2点を指摘しました。

「知識」の自己評価から「知恵」の自己評価へ

自己評価はこれまで、教育とくに授業の中で、「知識」の習得にばかり結びついてきたきらいがあるが、その知識の自分ないし自分たちにとっての価値や意味、そしてそれらと結びつく知識の生かし方などについての吟味へと一段深める必要がある。「知恵」に結びつく自己評価の必要性、重要性の強調である。つまり「自己評価」は、今後、学習主体の知恵をどれだけ高め、深めえたか、という「知恵」レベルにおいて行われねばならない。

「自己」を回復する通路としての自己評価—そのための3つの機能

①「自己」と「自我」を区別し、「自己」を喪失させず、逆に強化させる。
②「自己」を「他者評定」から相対的に独自のものとして位置づける。

③「自己」を永続的に高める、自己確立と自己追究の活動を保証する。

そして、「『自己評価』は、今日の地球社会の人間の自己確立と自己教育への教育を、新たにつくりだす鍵となるほどの重要なものといえよう」（同書、２６２頁）と結んでいます。

いま考えると、ずいぶん思い入れをして書いたものだと思いますが、現在の日本と世界を考えると、当時の思い入れが、現実に本当に必要になってきたという思いを深くしています。

そこで今回は、やや広く「自信を育てる自己評価」というテーマで、一般読者にも届けたいと思って書いたのが本書です。難産でしたが、次代の日本と世界を担う若い方々だけでなく、現在、第一線で活躍し、未来に責任を持つ壮年期の方々にも読んでいただき、少しでも今後の人間の未来に希望を持ってほしいと願っています。

ところで、私は「日本人論」が好きです。それは、自分のルーツに関する議論だからです。研究が進むにつれて、これまで日本人というものの固有性・独自性を強調してきた伝統的・古典的な流れが、いまではかなり大きく変わり、日本および日本人が予想以上に、多くの点で多くの異なった起源を持つ人々や文化から成る、複合的な国および国民だということが明らかになりつつあります。

ただし、私は「日本人論」の専門的研究者ではありません。また「日本国」という国柄についての研究者でもありません。私は「教育学者」であり、とくに「学校教育」の研究者で、中でも「公教育」の「カリキュラム」（教科目等、何を、どう学んで、どういう能力や考え方などを身につけるかの道筋）の研究者であって、本書との関係で言えば、そのカリキュラムの効果に関する評価研究、つまり結果的にどういう人間が育ったかをとらえる方法に関心を持つ研究者です。

ですから本書では、とくに「日本人論」を展開するつもりはありませんが、評価方法の1つとして「自己評価」の研究を行ってきた、自分の研究歴から論じ及ぶ「日本人論」とそれに関連するコメントを、いくつかのテーマに分けて提示してみたいと思います。そして、これからの「日本および日本人」がどのような者であったらよいのかについて、「自信」を持つという観点から、皆さんと考えてみたいと思います。

「自信」は、まず「自分の行為の結果」の確認・評価から始まります。「考えているだけで生まれる」自信もありますが、多くは「考えていることを実行して、その結果を得てから生まれる」ものです。ですから「実行」ないし「体験」や「経験」を多くしなければ、決して自信は生まれません。その際、大切なことは「成功体験」だけでは「過信」が生まれやすく、必ずしも「自信」を生むのではない、ということです。多くの「失敗」をし、それを乗り越えた人こそ「深く、強い自信」を持っています。

日本人は、これまで「追い付き・追い越せ」を暗黙の前提にして生活し、教育もしてきましたが、いまや多くの分野でもう第一線に出ており、諸外国から追われている状況にあります。そうなると前方にモデルとなる国はないのですから、自分で試行錯誤するしかありません。「自分で、時間や金銭的な損を覚悟で、挑戦的な経験」をしなければならないのです。「教育」もそのような日本の状況の中で、これまでとは異なり、何事も「考えたら実行し、間違ったら修正してまた実行する」という繰り返しの経験を、日常的にせざるを得ません。「失敗を恐れていては、いつまでも自信を持つことはできない」時代に入ったのです。

いまの日本社会は依然として、失敗をマイナスに評価していますが、「失敗は成功のもと」と古来言われてきたように、失敗することの中に「自信」の種が隠されていると言ってもよいのです。もちろん、他人に迷惑をかけるような失敗は極力避けなければなりませんが、失敗を常にプラスのものとする文化と「教育」が、日本人に「自信」を生ませることでしょう。「教室は失敗するところだ！」と名句を残した実践家は多いですが、「失敗こそ自信を生むもとだ」とする教育が、日本全体に広まらなければなりません。

私の語りかけたい方々は、若い世代の10代から40代ぐらいまでの方々ですが、それは、その方々が未来の日本と世界をどんなものにするのか、に主たる責任を負っているからです。これからの日本も世界も、知識基盤社会を超えて、これまで以上に不確かな時代だと言われますが、そのような時代にも「自信」を持って歩むためには、生涯にわたって学び続ける力が必要とされる、と言われてきました。それは「学校教育を終えてからも、自己教育する力が求められる」ということです。それを効果的に育てるために欠かすことのできないものが、その時点・時点で自らが行う的確な「自己評価」の活動です。

「いま生きている自分は何者か」そして「その自分が現在の時代と社会をどう生きれば、納得のいく人生が送れるか」という、「知恵」を身につける「自己評価」のあり方を、読者の皆さんが本書から、いままで以上に明確にとらえられれば、この本を書いた意味があるというものです。そのために本書の「自己評価」論を参考にして自らの考えを深め、「自信」を持つ契機としていただきたく思います。

自己評価のすすめ――「自立」に向けた「自信」を育てる　目次

はじめに　2

第1章　日本人の「自己評価」の低さ―最近のデータから―

1　日本の子供は「自立心」が低い　10
2　日本人と「自尊感情」について　23
3　「自国に対する誇り」について　36
4　「自己評価」無しの「自己責任」の時代　42

第2章　「自己評価」とは何か

1　望ましい「自己評価」とは　52
2　「自己」の正体とは何か　61
3　「自己」は体制化されている　72
4　「自信」を培う「自己評価」に　80
5　新時代の「自己評価」のあり方　86

第3章 日本人の「生き方」の特徴

1 「自己」をあいまいにすることの奨励 96
2 「他人志向性」で「自信」は育つか 105
3 何でも「水に流す」日本人 113
4 「自分の経験」を大事にしない日本人 121

第4章 「グローバル化」の中の日本人

1 過去の日本人の「自己評価」—戦前と戦後に大別して— 130
2 「グローバル化」は日本人をどう変えるか 144
3 「自己」の永続的追究と「自己確立」 149
4 「人格」の核として必要な「自信」 164
5 「自己評価」と日本の教育 170

おわりに 176

第１章

日本人の「自己評価」の低さ

—最近のデータから—

1 日本の子供は「自立心」が低い

日本人の自己評価は一般に国際的に見て低いと言われてきました。自己評価が高ければよいわけでは必ずしもなく、高過ぎてもよくはないのですが、実際、以下に見るように、総じて日本人の若い世代の自己評価は、相対的に見て低いという調査結果が長年出ています。そこで、少し集中的に最近までのその調査結果を集めて検討しながら、その理由を考えてみましょう。現在20代後半から30代半ばまでの壮年期の方々のデータです。

日本の子供の自立心の低さ：日本青少年研究所の国際比較調査より

日本の子供は「小さいころから、あまり自立に向けて育てられていない、つまり、周囲の人や社会への依存心をそのまま容認されて大人になる」文化的風土があるように思われます。

例えば、２００６年10月〜11月に実施された「小学生の生活習慣に関する調査」では、日本・中国・韓国の３大都市、東京・北京・ソウルに住む小学生の「自立に向けた習慣形成」の面から見ると、起床や宿題の自立的習慣形成は中国が最も厳しく、その他にＴＶやゲームを見るのをやめさせる習慣形成も、東京の子供が最も言われていません。「自分のことは自分でしなさい」という言葉も、東京の子供には「あまり言わない」が33・９％で、北京の23・７％、ソウルの25・８％に比して、明らかにしつけられていない子供が多い状況です。

とくに、「社会的なしつけ」として重要な「約束を守りなさい」「うそをついてはいけません」などについて、東京の子供はそれぞれ「よく言う」は26・５％、20・９％で、北京の46・6％、46・０％、ソウルの30・９％、39・７％と比べて顕著に少ない状況です。東京の子供は4人のうち３人は、社会的に「信用ある人間」になることを、しっかり教えられ、育てられていないことが分かります。

とくに「自立」の中心となる「自分のことは自分で決めたい」ということについての比較では、東京の子供が「そう思う」が54・９％であるのに対して、北京では69・４％、ソウルでも63・３％と大きな差があります。「そう思わない」と「どちらかというとそう思わない」とを合わせると、東京は16・８％であるのに、北京は7・８％、ソウルは10・７％と、東京が有意に多いことが分かります。明確な「自立心」の育成がおろそかにされていると言ってよいでしょう。また、「将来のためにも、今、がんばりたい」や「自分が満足していれば人が何と言おうと気にならない」という項目でも、それぞれ東京の子供は「そう思う」が48・０％、９・８％であるのに、北京は74・８％、19・１％、ソウルでも72・１％、18・２％で、東京の子供が「将来を考えて、主体的に行動する」ことに対して、顕著に意識の低いことが知られます。

総じて、東京の子供は種々のことがらについて、親から「あまり何も言われない」状況にあり、平均すると3人に1人は「自力で何でもすることに親が無関心」か「放任」に近い状態にある様子が見受けられます。これでは「自信」がつかず、「自己評価」も低くなりがちだと思われます。少子化と結び付けて考えると、子供たちは兄弟姉妹の交流や鍛え合いもなく、ある種の「さびしさ」を感じているのではないか、と推定することはできないでしょうか。

この種の傾向は、2006年10月〜12月実施の「高校生の意欲に関する調査」で、高校生の年代でも現れています。「自分のことは人に頼らず、自分で解決すべきだ」との設問には、日本の高校生は「とても」と「まあ」を合わせた「そう思う」は74・4%で、米国71・5%、中国84・2%、韓国71・7%と比べて、とくに違うところはありません。

ところが、職業を選ぶときに何を重視するかという設問で、「自由」が「とても重要」と答えた日本の高校生は31・2%で、他の米国67・1%、中国59・3%、韓国42・3%に比して、著しく低い数字です。また自分に選択の「決定権」があることが「とても重要」と答えた日本の高校生は19・4%しかなく、米国55・3%、中国39・4%、韓国43・9%と顕著な差があります。日本の高校生の8割は、自分に決定権があることを重要視していないと言えるでしょう。これは「自立」を全く忘れた姿であると言えます。

「違い」を回避する日本の文化

日本の子供については、特定の才能や能力、地位や身分に関して、その種の「個性的な」部分を十全に発揮して、その子供らしい独自性を示すことを、自らも、また身近な周囲の人もあまり評価しない傾向にあるようです。

例えば、先の２００６年の小学生対象の調査では、「努力する人間になりたい」「勇気のある人間になりたい」「人に信頼される人間になりたい」などの項目で、「思わない」と回答（「どちらかというとそう」と「そう」の合計）した子供が、東京では10％前後と、他の２都市と比べて相対的に、また有意に多いことが認められます（「そう思う」と回答した子供は３都市ともだいたい同じ傾向です）。

また、「音楽や絵がうまいなど特徴のある子になりたい」「クラスのリーダーになりたい」について「そう思う」子供の割合は、東京はそれぞれ36・8％、12・0％で、北京51・2％、46・0％、ソウル49・9％、33・3％に比して有意に低く、また「そう思わない」（「どちらかというとそう」と「そう」の合計）子供がそれぞれ、東京では32・6％、66・8％に対して、北京は20・2％、25・6％、ソウルは27・6％、37・1％です。これは「個性を生かす」ことに対して、東京の子供自身というよりは、親や仲間があまり好まないか、促さないことを示していると解されます。

また、前出の「高校生の意欲に関する調査」でも、類似の傾向が示されています。本調査で日本の高校生は、他の米・中・韓国と比べてほとんどの項目で似た傾向を示していますが、

「他人と違うことをしたい」という設問には、「あまりそうしたくない」が21・5％と2割を越えて、中国の25・6％に次ぐ高さを示しているのは、やはり「目立つことはしない方がよい＝出る杭は打たれる」という日本の諺にも現れている傾向が出ているように思われます。この点については、「万事個性的に、他人とは差をつけるのがよい」との設問に、日本の高校生は、「とてもそう思う」が4か国中で最も少なく12・7％です。ただ「あまり」と「全く」を合わせた「そう思わない」は49・3％で、中国の50・3％とほぼ同じであるのは興味深いことです。

この傾向は、２００７年10月～11月実施の「高校生の消費に関する調査」でも、次のように現れています。この調査で注目されるのは、「ブランドや流行についての意識」で、「私はテレビ、雑誌、新聞の広告に影響されるほうだ」という設問に、「そう思う」（「全くそう」と「どちらかといえばそう」の合計）と答えた割合は、日本は56・5％、米国は33・6％、中国は32・6％、韓国は45・9％で、他国に比べて日本の高校生が周囲の動きに敏感に反応し、それも自分の考えではなく、広告等に影響されやすいことが分かります。

さらに、「仲間はずれにならないため、周りの人と同じようにしたほうがよい」との設問に対しては、「全くそうでない」ときっぱりした態度をとる日本の子供は38・3％と、中国18・7％、韓国25・9％に比べ、米国の59・7％に次いで多いのに、「個性を生かすために、人と違うものを選ぶほうだ」という設問には、「どちらかといえばそうでない」の41・8％が「どちらかといえばそう」32・0％よりも10ポイント近く高く、人と違うものを選ばない者のほうが多いのです。

消費行動という面から見ると、自由に選択することも可能だが、他方で周囲の動向も強く影響する日本では、あいまいさや矛盾した態度をとる高校生が多いのでしょう。

「国際化」が叫ばれて久しいですが、「多様性」を求める産業界の声は、若い日本人にほとんど届いていないかのようです。教育界のせいなのか、親を中心とする社会全体のせいなのか、あらためて考えてみる必要があります。

政治への無関心

筆者の世代から見て、最近の日本人の自己評価の低さの背景には、かつて１９６０年代の学生運動による社会改革が挫折し、その後の左翼系学生運動が混迷したことなどが、政治に対する学生の関心を冷却させ、何をやっても結局駄目で、社会改革や政治変革は大人に任せておこう、という諦めと無関心を、現在の40代後半から60代までの日本人およびその子弟に助長させた経緯があると思います。

１９６０年代から10年ほどの間に10代から20代だった若者が、現在の社会の骨格をつくったと思われますが、その社会の中枢にいる50代から60代の日本人は政治的には無気力・無関心の人が多く、一人ひとりが「強い自己」など持っていても何も変わらない、という自己意識を持っているように思われます。そしてそれよりもさらに若い世代になると、今の20代から40代の日本人は、かえって「強い自己」などを持ってしまうと、先述のように、時代の変化についていけなくなるから、持たないでいこうという雰囲気を持っています。このような自己意識を持つ場合、「自己評価」は高くなるのでしょうか。「低い自己評価でよい」という確信が強いのだから「自己評価も強い」とも言えますが、中身の質を見ると「自己評価の低さ」自体は変わっていないのですから、「自己」を強く鍛えているとは思われません。

このような傾向は、すでにかなり以前から存在することが分かっています。例えば、前出の「高校生の意欲に関する調査」では、「社会をよくするための努力をしたい」との設問では、「ぜひそうしたい」が日本の高校生は19・6％と、他の3か国（米国・中国・韓国）よりも低く、逆に「あまりそうしたくない」という回答が26・1％で、韓国の30・7％に次いで多く、社会貢献意識の弱さが認められます。

また「あなたは、自分の将来の目標をはっきり決めていますか」という設問には、日本の高校生は「まだ考えていない」が17・7％で、他の3か国との比較では韓国に次いで多く、受験本位の教育意識が高い反面、「高い学歴を得たい」との設問は、日本の高校生は「そうしたくない」（「あまり」と「全く」の合計）という回答が38・1％となっており、およそ4割の高校生は高学歴を望んでいない、ということです。その逆の「そうしたい」（「ぜひ」と「まあ」の合計）は61・8％しかなく、米国の79・3％、中国の89・9％、韓国の87・5％などと比べると、相対的に低い数値を示します。これを、「高学歴を本当に望んでいない」と見るべきなのか、「早期選別により高学歴を諦めている」と見るべきなのか、より精細な検討が必要であると言えるでしょう。

意外なのは、「他人とはできるだけ妥協して、もめごとは起こさないほうがよい」との設問に、「あまりそう思わない」と回答した日本の高校生は20・3％で、中国の27・4％に次いで多く、米国や韓国の1桁台の数値に比して、顕著であることはにわかには信じられません。関連して「多少もめることになっても、主張すべきことは主張すべきだ」との設問に、「そう思わない」(「あまり」と「全く」の合計）と回答した日本の高校生は19・7％で、ここでも中国18・2％と似た傾向を示しています。ここにはおそらく建前と本音の使い分けがあるからで、結局、「あまり目立たず、人並みであるのがよい」という設問で見れば、日本の高校生は「そう思う」(「とても」と「まあ」の合計）が53・1％で、米国28・4％、中国47・8％、韓国35・1％と比べてかなり多く、半分以上の高校生が「人並み」で突出しない生活を望んでいることになります。

親との関係・学校での自治活動や政治への関心

２００８年9月～10月実施の「中学生・高校生の生活と意識」調査では、中学生と高校生の結果が別々に出されており、両者の異同を考察することもできます。まず、親との関係については、「親の意見に従う」かどうかについて、「そう」する（「全くそう」と「まあそう」の合計）という日本の中学生は65・5％ですが、米国は83・6％、中国は88・6％、韓国は83・3％です。高校生でも日本は69・5％であるのに、米国は82・1％、中国は80・0％、韓国は80・5％と、やはり同様の傾向が見られます。

ところが、「親によく反抗する」かという設問には、合わせて「そう」するというのが、日本の中学生は57・0％であるのに、米国は26・2％、中国は11・0％、韓国は44・9％であり、高校生でも日本は合わせて50・2％であるのに、米国は33・4％、中国は10・8％、韓国は41・9％です。日本の子供の親に対する尊敬の念の薄さが認められます。

しかし、これは決して望ましい「自立心」が育っているのではなく、「家出をしたいと思ったことがある」かについての回答では、日本の中学生が、合わせて「そう」思ったことがあるというのが45・8％であり、米国は28・6％、中国は15・3％、韓国は44・9％です。この傾向は高校生になっても変わらず、韓国と並んで「親の干渉が強い」ことへの単なる反発に過ぎないことが分かります。それは、「進路について、自分で決められる。親は干渉しない」という設問でも、「全くそう」だとするのが、日本の中学生では17・3％であるのに、米国では63・0％、中国では14・5％、韓国では25・0％で、高校生でも各国とも同様の傾向が見られることなどから、中国・韓国とともに親への依存心の高いことが分かります。

また、「学校の生徒自治活動に参加したいか」との設問に「参加したい」と回答した割合は、日本の中学生は14・7％であるのに、米国では40・8％、中国では53・7％、韓国でも20・6

％で、この傾向は高校生でも同様であり、日本の中・高校生の積極的姿勢の少なさが顕著に現れています。むしろ気になるのは、自分の参加により社会や政治が変えられるかについて、「私個人の力では政府の決定に影響を与えられない」と思う中学生が、日本では「そう思う」（「全く」と「まあ」の合計）が72・０％に上るのに対して、米国は34・３％、中国は33・１％、韓国は51・９％であり、また、「青少年が社会問題や政治問題に参加することについて、どう思うか」に関しても、日本の中学生は「参加しても無駄なことだ」と考える子供が17・４％もいるのに対して、米国は７・５％、中国は８・９％、韓国は14・４％であり、高校生でもほぼ同じ傾向が認められます。

このことは、選挙制度も含め、現在の政治制度が若い世代の声や力を反映させるものとなっていず、それに対する希望を失っていることを示すものです。つまり、関心はあっても、制度がそれを反映させるものになっていないことが原因で、若者の政治離れなどが言われるということを示しているように思われるのです。

受け身の授業態度

２００９年9月~11月実施の「高校生の勉強に関する調査」では、まず「授業に対する意識」を見てみたいと思います。最初に、「授業形態の好き嫌い」については、日本の高校生は「教科書の内容をきちんと教え、覚えさせる授業」が「好き」というのが4か国中最多で、「どちらかといえば好き」と合わせると71・4％を占めていますが、米国は31・2％、中国でも64・9％、韓国は39・6％に過ぎません。逆に米・中では「学校外での見学や体験を重視する授業」が「好き」というのが、それぞれ69・2％、66・8％、韓国でも46・6％なのに、日本は29・4％にとどまっています。また「いろいろな教材や教具を使って分かりやすく教える授業」についても、「好き」が米・中はそれぞれ56・8％、67・7％であるのに、日本は35・0％で、これは韓国の32・5％とほぼ同じ傾向を示しています。総じて、日本の高校生には受け身の授業が好まれていると言えます。ただし、教科書中心の授業であっても、全く考えさせていないわけではなく、「自問自答」させている授業も多いことには留意する必要があります。

次に、この種の系統に属する「授業中の言動」について、「授業中、きちんとノートをとる」ことについては、「いつもそうだ」が日本の高校生は74・9％もいるのに対し、米国41・6％、中国48・4％、韓国25・4％と顕著な差が出ています。逆に「授業中、積極的に発言する」に「いつもそうだ」と答えたのは、日本はわずかに3・6％であるのに、米国は17・9％、中国は11・8％、韓国が4・3％であり、これは、最近数年は変化が見えてきて、授業形態との関係もありますが、あらためて授業のあり方が問われます。

意外なことに、「クラスでは勉強に関して競争する雰囲気が強い」という設問に、そう「感じる」（「常に」と「時々」の合計）と答えた日本の高校生は25・7％であるのに対して、米国は54・3％、中国は77・0％、韓国が32・1％であり、相対的にそれほど競争的と感じていないようです。だからといって「クラスではお互いに助け合って勉強している」と言えるかというと、日本は合わせて56・５％で、米国の80・９％、中国の85・１％、韓国の57・６％と比べても、そうとは言えないことが分かります。

これらのデータで分かることは、日本と韓国の高校生は「孤立している」傾向があること、また米・中の高校生は「競争的であっても協力的でもあり得ること」であると思います。

自立心を忘れる

２０１１年９月～11月実施の「高校生の生活意識と留学に関する調査」において、「あなたはどのようなタイプの人であるか（現在）、どのような人になりたいか（将来）」という設問の中の、「自立のできる人」という選択肢について肯定的に答えた日本の高校生は、前者（現在）が12・６％、後者（将来）が78・２％であるのに対して、米国は前者が76・６％、後者が33・９％、中国は前者が55・９％、後者が49・６％、韓国は前者が28・９％、後者が60・１％で、他の３か国に比べて現在の「自立」への意識の低さが顕著です。

同様に、この問いに対して「正義感の強い人」という選択肢を選んだ日本の高校生は、それぞれ18・１％（現在）、59・０％（将来）であるのに対して、米国はそれぞれ51・６％、34・２％、中国は68・３％、37・５％、韓国は36・２％、43・７％であり、日本の高校生のある種の未熟さが表れています。

同様に、「自分の意見をはっきりいう人」という選択肢を選んだ日本の高校生はそれぞれ23・7％、68・5％であるのに対して、米国は70・2％、36・3％、中国は55・7％、47・2％、韓国は43・6％、53・8％で、日本の高校生が自分の望ましい姿を先送りしていることが分かります。

これらの調査結果はみな、保護者や一般社会が子供に「自立」することを、「教育」のタイプとして求めない、あるいはそれを必ずしも望まない風潮が強く影響しているものと思われます。この点について筆者は、「自立」へ向けての「教育」という社会的な機能が十全に働いていないこと、それを日本人の大人自身が、そうさせていることを一日も早く反省し、大きく転換しなければならないと考えています。

2 日本人と「自尊感情」について

日本の高校生の自己認識

まず、前出の２００６年の「高校生の意欲に関する調査」にまで遡ってみてみましょう。すると、すでにこのころから、最近話題になっている傾向が現れていることを知らされます。

例えば、「自分は何をやってもだめだと思う」という気分になったことがあるかについては、日本の高校生は「よくある」が17・１％と、米国８・４％、中国９・８％、韓国14・１％と比べて明らかに多い状況です。これに関連して「自分は生きていても何の意味もないと思う」という日本の高校生は24・１％（「よくある」と「時々ある」の合計）で、米国16・８％、中国28・５％、韓国37・３％に比べると米国に次いで低い数値であり、この時期になると「自尊感情」がやや改善するのでしょうか。

さらに、「まわりから取り残されたような気になる」ことがあるかどうかについては、「よくある」と答えた日本の高校生は17・５％もあり、米国９・０％、中国14・４％、韓国８・０％

と比べて、孤立感に耐えられない弱い子供が、相対的に多いことが分かります。

また、前出の2011年の「高校生の生活意識と留学に関する調査」で端的に分かることの一つが、このころの高校生の「自己認識」「自国への満足感」です。

まず、高校生の「自己評価」ですが、ポジティブな項目全般で、日本の高校生の肯定率は米中韓と比べて低く、とくに、自分を価値ある人間と思う「自尊感情」については、「よく」と「まあ」を合わせた「あてはまる」が39・7％で、他の3か国の半分以下の水準です。中でも「よくあてはまる」という高校生はわずか7・3％で、米国の6分の1、中国・韓国の5分の1に過ぎません。類似の設問で「自分自身に満足しているか」についても、日本の高校生は「とても」と「まあ」を合わせた「満足している」が40・4％、「満足でない」が合わせて59・2％です。米国はそれぞれ87・9％、11・3％、中国は74・3％、24・6％、韓国53・4％、46・5％と比較すると、目立って満足が少ない状況です。

逆に、先の「自分を価値ある人間と思う」に、「あまりあてはまらない」というほうは48・7％、「まったくあてはまらない」が10・9％で、合わせると59・6％となります。6割の高校生が自分を価値のない人間だと思っていることは、「自分自身」への評価とほとんど同じ数値であり、他の3か国が10％台であることを見ると、異常にさえ感じます。

なお、2018年実施の「高校生の留学に関する意識調査報告書」（国立青少年教育振興機構）では、「私は他の人々に劣らず価値のある人間である」という項目に、「よくあてはまる」

と答えた日本の高校生は12・４％で、米国の46・１％、中国の50・９％、韓国の33・９％より大幅に少なく、最近でもやはり同様の傾向が見られます。

関連して、「自分はダメな人間だと思うことがある」に「あてはまる」、と回答した日本の高校生は「よくあてはまる」と「まああてはまる」を合わせて83・７％で、米国52・８％、中国39・２％、韓国31・９％と比べても顕著に高い肯定率を示しています。

一般に「思春期の自尊感情」は発達的に見て低くなるのですが、他国の高校生と比べてこれだけ低い状態は、確かに問題にしてもよいでしょう。その原因はどこにあるのでしょうか。社会的に「競争的」だからでしょうか。早くから「選別・差別」されてしまい、上昇ルートに乗れなかった高校生が、社会から価値のない存在と見られている、と強く思っているのでしょうか。その意味で、社会的に見て、学校の成績や偏差値など以外の、複数の基準が働いているようには感じられないのでしょうか。

また、２０１３年11月～12月に行われた、世界７か国（日本、韓国、米国、英国、ドイツ、フランス、スウェーデン）の13歳から29歳までの男女を対象にした内閣府のインターネットによる意識調査も、内容的に、どちらかというと「自尊感情」に関わるものですが、「自分自身に満足している」と答えたのは米国が１位で86・０％、６位の韓国でも71・５％だったのに、日本は45・８％と顕著に低く、また「自分には長所がある」と答えた割合も日本は68・９％で最下位、１位の米国は93・１％、６位のスウェーデンでも73・５％でした。「自分の将来に希望を持っているか」に肯定的な日本人は61・6％、40歳になったときに「幸せになっている」と思っている人は66・2％で、いずれも最下位だったということです。

同じ内閣府調査の２０１８年版でも、「自分自身に満足している」と答えた国の第1位は米国で87％、第6位は韓国で73・5％、日本はやはり最下位で45・1％と低いままです。また、「自分には長所がある」と肯定的に回答している割合も、日本は62・2％と変わらず最下位で、1位はドイツの91・4％、2位は米国で91・2％でした。「自分の将来に明るい希望を持っていますか」という問いに肯定的な日本人は60・6％、また40歳になったときに「幸せになっている」と思う人は63・9％で、いずれも調査対象の7か国中最下位であることは変わりません。

政治家の口出し

ただ、これを政治家が「だから自尊感情を高めるために、自国を強くしよう」と国家主義的な方向を推進する理由としていることには、大いに疑問があり、無理があります。例えば、学習指導要領の改訂に関する２０１４年当時の下村博文文部科学大臣の中教審への諮問理由の中に、次のような文章があります。

「自己肯定感や学習意欲、社会参画の意識等が国際的に見て低いことなど、子供の自信を育み能力を引き出すことは必ずしも十分にできておらず、教育基本法の理念が十分に実現しているとは言い難い状況です」

ここで言われる「教育基本法の理念」というのが「郷土や国を愛する心、わが国の伝統や文化」といった国家主義的な思想を、これまで以上に重視させようとするものであることは、この法律の改正時の議論から明らかです。しかし、このことと「自尊感情・自己肯定感」「学習意欲」「社会参画意識」とは次元が異なるものであるのに、このように強引に結びつけて政策的に利用してきています。この種のことを、安倍前政権はことあるごとに、機会を見つけては利用して、平気で我田引水を繰り返してきたのに、ジャーナリズムが何も指弾しなかったのはなぜなのかと思います。

例えば、前出の内閣府インターネット調査によると、「日本の若者は自己評価が低く、将来を悲観している。（略）一方、『自国の役に立ちたい』と考える若者の割合はトップだった。社会貢献したいのに自信が持てない日本の若者の姿が浮かび上がった」と解されています。この「自国のために役立つことをしたい」と思っている若者は54・5％で1位であり、とくに10代後半から20代前半が多かったといいます。それなのに「自分の参加で社会現象が少し変えられるかもしれない」と前向きに答えた若者は、日本が30・2％で最下位だったとのことです。

このような傾向を内閣府は、「若者の自己肯定感を育むため、家庭・学校・地域が一体となって子供や若者を見守り支える環境づくりを進めるべきだ。役に立ちたい若者には、具体的な社会参加に関する教育も必要」と分析しているとのことです（『日本経済新聞』２０１４年５月24日）。

これは実に政府の意向に沿うように行った解釈であり、若者の自己肯定感を国家や社会への貢献という形で、国家に依存させようという意図を持つものだと言ってよいでしょう。

高校生の進路と職業意識

日本、米国、中国、韓国の４か国を対象に２０１２年9月~12月に実施された「高校生の進路と職業意識に関する調査」結果の要約によれば、「進路希望」についての「日本の大きな特徴は、他の３カ国と比べて『就職』と『専門学校』という、現実的で控えめな希望が際立って多いことである。また、他の３カ国と比べ進学希望が全体に低調なこと、留学希望がほとんどないことなども特徴としてあげられる」ということです。

進路の相談相手については、日本は「父親」の割合が4か国中最低（46・０％）だったことが気がかりとされていますが、最多は「学校の先生」「先輩」で、次いで「塾の先生」です。また、相談の内容は「日本だけは成績よりも『卒業後の具体的進路』が多く話されていた。日本の場合、ほぼ全ての項目で最も低い度合いを示しており、保護者との会話の少なさが相対的に目立った」とされています。

「進路についての親子関係」では、「父親の仕事内容をどれだけ知っているか」を見ると、「日本は肯定率が最も低く、韓国の約半数（33・5％）にとどまっ」ています。また、父親および母親の職業に対する興味も日本の高校生が最低の肯定率で、「日本の高校生では、親の仕事について話すかの回答と仕事の認知度や興味の強さには正の相関関係が認められた」とされており、日本の高校生のキャリア意識の低さが際立っています。これに関係すると思われるのが、「進路を考えるときの気持ち」で、日本の高校生は韓国の高校生とほぼ同数の者が「将来どうなるか不安」（83・6％）と答え、とくに注意すべきは、男子が「将来いいことはないので考えてもつまらない」と「いまが楽しければいい、先のことは考えない」の２項目を上位に挙げている点です。

高校生の日常生活の満足度についても、「『先生との関係』『親との関係』そして何よりも『生活全体』への満足度が４か国中最も低い」結果となっています。

「進路と職業に関する自己認識」については、「日本では『自分にはどのような能力・適性があるか知っている』の肯定率が１割にも満たず、４か国中で最も少なかった」とされており、「キャリア教育を多く体験していることがわかっているが、自己評価になると、日本の高校生は控えめになる傾向がある」と思われています。

また全般に、男子より女子のほうが「働くことに前向きで積極的であることがわかる」結果であった、ということです。

「将来就きたい仕事」を聞くと、「日本の高校生は、（医師や起業家などの自営的な職種などよりも公務員や教師、一般事務職などという）何より全般的に希望の水準が低いのが特徴である」と言われています。これについては「日本の高校生は、全体的に、職業に付随する経済力や威信にはあまりこだわらずに安定性や現実性を重視するため、被雇用職を中心に指向する傾向が強いと見ることもできる」とされています。

「職業選びに影響のある人」を尋ねると、日本の高校生は「他人に影響されない」という回答が他の国々の2～3倍（28・1％）に達しているのが特徴で、「日本の高校生は進路の決定をめぐって一人で悩むことが多いことを示しているのかもしれない」と解されています。

日本の高校生の「働く目的」に関する意識は、「個人的目的（家族の幸せのため、自己実現のため）についても社会的目的（社会に役立つため、人に尊敬されたいため）についても中間的」です。全般的に「目的意識は米国ほど高くなく、個人的目的意識は中国ほど高くなく、また韓国の高校生ほど社会的に醒めた態度もとらない」という数値だと言われます。

アスピレーション（向上心）のなさ

日本の高校生の「偉くなることについての考え」は、「『能力を発揮』や『尊敬』『友達』といったポジティブな項目をあまり選択していない。逆に『責任が重くなる』『時間がなくなる』『人に頭を下げなければならない』といったネガティブな項目の選択率はそれほど低くない」

ようです。「『偉くなること→負担、自己犠牲』といったイメージや、『苦労してまで偉くなることはない』といった醒めた意識が定着していることを垣間見ることができる」と解されています。

総じて、日本の高校生のアスピレーション（地位達成の意欲、野心）は男女ともに低率です。とりわけ女子は低く、上記の結果の中で肯定的意見が唯一5割に達していません。全体として「慎重」で「控えめ」で「現実的」な日本の女子高校生の特性をはっきり示しているものと言えるでしょう。

「人間は人生目標がないと暮らしてゆけない」という項目では、他の3か国が80％台の肯定率なのに、日本の高校生は64・1％で、6年前の調査と比べても変化の幅が小さい状況です。他方で前回トップだった「結果の成否は考えずに、やってみることが大切だ」は、中国に次ぐ2位で、まだかなり高い状況です。むしろ、「将来、職業に就けるかどうか心配だ」の項目で、韓国（76・9％）に次いで日本は高く（76・0％）、高校生の間で不安感が大きいことが推測されています。これは、調査時点の社会状況にも強く規定されると思われ、調査全体としてもその種の情報を加味して解される必要があります。

より現在に近いところでは、２０１５年8月29日付の『日本経済新聞』（朝刊）で、国立青少年教育振興機構の調査結果が公表され、「『自分はダメ』高校生7割―日本、米中韓より突出」との見出しで、「日本の高校生は自己評価が低い」と報じられています。数字を見ると、

2014年9月~11月、4か国の高校1~3年生、計7761人を対象とした調査で、「自分はダメな人間だと思うことがあるか」との質問に、「とてもそう思う」「まあそう思う」と回答した生徒の割合は、日本は72・5%だったのに対し、中国56・4%、米国45・1%、韓国35・2%で、日本の高校生の自己評価の低さが顕著でした。

また「人並みの能力がある」と答えた生徒の割合は、中国と米国がともに約9割、韓国も67・8%だったのに対し、日本は55・7%にとどまっているとのことです。この他の「自分の希望はいつかかなう」「体力には自信がある」「勉強が得意な方だ」の3項目でも、「そう思う」と回答した割合は日本が最も低かったということです。分析者の一人の明石要一氏(教育社会学)は「自信や自己肯定感は自然体験、社会体験を通じて達成感を得ることで育まれる。高校生がこうした体験をする機会を増やす必要がある」と述べていますが、これを「国に対する誇り・自信」に当てはめるとどうなるのでしょうか。

さらに新しい調査として、東京都の2017年度「東京グローバル・ユース・キャンプ」に参加した高校生に対するアンケート調査で、「自尊感情」に関する項目3つについて、事前と事後とでどれほど違うかを見たところ、平均値は次のような結果だったといいます。(平均値は東京都自尊感情測定尺度による調査の結果。満点は4点。)

A　自己の評価・自己受容　事前2・42　→　事後2・78
B　関係の中の自己　事前2・96　→　事後3・37

C　自己主張・自己決定　事前２・89　→　事後３・28

この３項目で明らかなことは、「自尊感情」はある程度改善されるとはいえ、それはあくまでも研修で育成目標とされた、「異文化理解力」「課題解決力」「ボランティア実践力」「人間関係構築力」「語学力」の５つの能力の向上によるものです。この種の研修を経なければ改善されないとすれば、留学などについて積極的になれない状況はなかなか改善されないように思われます。

ほめられる経験と自尊感情

国立青少年教育振興機構が２０１６年の10月に、全国の20代から60代の男女５千人を対象に行ったウェッブアンケートの結果では、「ほめられた経験が多いほど、社会を生き抜く上で必要な、へこたれない力が高」く、「子供のころの体験」が現在の資質に大きく影響しており、調査担当者は「子供を叱るのはほめた後に」と言っているということです。（『日本経済新聞』２０１７年４月26日）

内容的には、親にほめられたり、叱られたりしたことが「何度もある」と答えたグループでは、へこたれない力が高い層が35％、低い層が16％で、ほめられたことが多く、叱られたことが少ないグループでも、高い層が31％、低い層は18％だったといいます。逆に、ほめられたことも叱られたことも少ないグループでは、高い層が10％にとどまり、低い層が37％に上ったということです。親ではなく、先生や近所の人にそうされたかどうかの経験を聞いた結果でも、類似の傾向が出たとのことです。

また、家族と旅行したり、学習塾に通ったりするなど、子供の頃の「教育、経済的条件」が高かった人ほど「自己肯定感」が高いが、その条件が低くても、ほめられたことが多い人は自己肯定感が高いとの結果が出たといいます。

この調査結果は特別に目新しいものではなく、常識に反しないものですが、子供のころに「ほめられること」が「自己肯定感」や「自尊感情」を高めることは、もっと注目され重視されてよいでしょう。日本人が「ほめることよりも、けなすことが多い」という経験をしてきているのは、ほめられて増長し、奢り高ぶって周囲の人を見下す人が出がちな社会であり、逆に「実るほど頭を垂れる稲穂かな」という句が盛んに使われるように、「謙虚」であること、出しゃばらないこと、自分を出さないことが人徳である、との伝統的通念が重んじられてきた社会だということです。

しかし、現代は、日本の社会もグローバル化してきたので、黙っていても尊重され、自尊感情が満たされているとは言えません。あらためて「ほめること」をもっと重視する必要があります。「自己評価」は先述のように、どちらかと言えば「謙虚」さに通ずる場合が普通であるため、逆に教育心理学者が言うように、「自尊感情」や「自信」を強めるための「自己評価」が、従来以上に重視される必要があります。ただ、その結果、増長したり、自分に甘いまま、反省しない若者が出やすいことにも注意することが必要です。

3 「自国に対する誇り」について

「自国人の誇り」と「自国への奉仕」

2007年~2008年にかけて、日本を含む世界5か国の「18歳~24歳までの青年」を対象に実施された、内閣府「第8回世界青年意識調査」において、調査領域「国家・社会関係」の問いの中に、次のようなものがあります。

Q32:あなたは、これから述べることについてどう思いますか。それぞれについて「はい」か「いいえ」で答えてください。(○はそれぞれ1つずつ)

a　自国人であることに誇りをもっている

b　自国のために役立つと思うようなことをしたい

選択肢には、「わからない」「無回答」も認めています。

これは、「自国人の誇り」と「自国への奉仕」について意見を聞いたものとされているのですが、前者については、日本の青年の81・8％が「はい」と答えているのに対して、米国は91・2％、英国は84・1％、韓国は78・0％、仏国は77・1％で、５か国の中では日本は３番目に多く、決して日本人が自国に対する誇りを失っているわけではないことを示しています。

さらに、後者の「自国への奉仕」に関しては、韓国が66・6％で最も多く、日本は63・9％でこれに次ぎ、フランス55・6％、アメリカ48・8％、イギリス45・3％の順となっています。日本は決してこれらの国々の中では低い方ではなく、むしろ有意に主要３国よりも高い数値を示しています。

日本の青年について時系列比較で見ると、「自国への誇り」については、「はい」が前回の第７回調査（２００３年）の72・6％から９ポイントも高くなっていること、また「自国への奉仕」については「はい」が前回の50・0％から14ポイント近くも上がっていることになります。

実は、このデータはやや吟味が必要で、同時に他の設問としてあった「今の国の政治にどのくらい関心がありますか」という問いに対して、「非常に関心がある」11・7％、「まあ関心がある」46・2％で、合わせると「関心がある」は58・0％となって５か国中最高であり（アメリカ54・5％、韓国49・7％、フランス42・6％、イギリス33・2％）、信じられない高さなのです。この調査時点の前か最中に、日本では何か政治的に大きな出来事があった可能性があります。

ちなみに2018年の第8回調査では、「自国人の誇り」に関して肯定的に答えた日本の若者は61・2%、「自国への奉仕」は47・8%であり、いずれも減少しています。

日本の高校生の自国に対する意識

前出の「高校生の生活意識と留学に関する調査」(2011年実施)の設問の中に「何にどのくらい関心があるか」を問うものがありますが、その中で「国のこと」を「非常に」と「まあ」とを合わせて「関心がある」と答えた高校生は、日本は55・2%、米国は46・7%、中国は73・8%、韓国は53・6%で、他の3か国に比して遜色ありません。なぜなら、「自分の国に誇りをもっている」という設問には、日本の高校生は「そう思う」が合わせて74・6%に対して、米国87・3%、中国88・8%、韓国74・3%とそれほどの極端な差はないからです。また、「愛国心が強い」か否かについての設問では、日本の高校生は「日本人」はそうだと答える率が27・5%であり、米国人に対しての30・7%、中国人に対しての46・3%、韓国人に対しての35・0%と比べても、とくに低い数値ではなく、少なくとも自己評価としては、一部保守派の政治家から「愛国心がない」と言われるほどのことはない、と言ってよいでしょう。

さらに「日本で暮らすことに満足である」については、合わせて87・5%が肯定的であり、米国90・2%、中国74・3%、韓国65・9%と、米国に迫る高さを示しています。ただし、「危機的な状況になったら私は国のために何でもする」という設問に対しては、日本の高校生は合わせて「そう思う」が29・７％であるのに対して、米国54・６％、中国79・６％、韓国45・２％とかなり低い。当時の日本近辺が平和であったことがかなり影響していると思われますが、中国が突出して高いことの方が異常に見えます。

しかし、「社会のために役立つ生き方をする」という設問には76・０％が肯定的であり、低いとはいっても、米国88・１％、中国86・３％、韓国83・５％と比べて特段に低いわけではありません。「国」と「社会」との区別がどうなっているかを問わねばなりませんが、震災のときのボランティア活動に積極的だった中学生・高校生・大学生などの姿を見ると、社会的な関心がそれほど低いわけではないことが分かります。

また、15年ほど前から保守党政治家が、日本人の自尊感情や自己肯定感の低さを問題にして、だから自国への誇りを失っているのだ、と言って国家主義的な方向へ誘導しようとする論調がありますが、ここまで見てきた種々のデータは、この２つが直接的に結びつくものではないことを示しています。この種の牽強《けんきょう》付《ふ》会《かい》的な結びつけを行って、ことあるごとに国家主義的な思想を押しつけてくるのが、現在の保守政権の文教政策であると言ってよいでしょう。教育基本法の改正、いじめ問題、道徳の教科化など、ある問題が生じると、すべてそれにかこつけて自分たちの考えを強引に関連づけて導入し、気がついてみると、こんなことを求めていたわけではなかったのに、という事態がくるのではないか、すでに一部きていると危惧しています。

政治家の決めつけと自己絶対化

　最近は目立ちませんが、ここ数年の国会での論戦を見ていても、とくに自民党と似た政策を主張している政党の質疑応答には、自分たちの考えや見方を絶対視し、それを共有しているのが当然であり、それ以外の考えや見方は一方的に「正しくない」とする口調が見られます。野党などとの議論では、自分たちの考えを絶対視するため、そうでない批判や主張に対して、「自分たちの考えに対する誤解だ」と決めつけて、相手の考えを聞くことなく、一斉に多数で野次ったり、攻撃的に「何も分かっていない！」と断じたりして、相手の口をふさごうとする態度をとり、議論をして理解を深め合うという態度をとりません。「自分たちと同じ考えにならないのは、お前たちがまちがっている」という断定的な態度です。

　これは「そんな奴は日本人ではない！」という一部保守層の定型的な物言いと同質であり、多様な考えを認める動きを抑える危険な兆候です。現に、最近は、外国向きには「国際化・グローバル化」のゆえに「多様性」とか「国際理解」とかを言っていますが、内では「ヘイト・スピーチ」や「異論は許さない」といった風潮に流れて、「同調志向・画一化」を容認する雰囲気が拡大しています。それには、ジャーナリズムも一役買っており、「多様な意見を認め合う」という態度を「軟弱で、理屈ばかり言う」口うるさい連中、といった見方を拡大しています。教育界でいくらその方向で努力しても、政治家や社会がそれを受け容れない態度であれば、子供も本気になって学びません。政界など一般社会の責任は大きいと言えます。

現保守政権は、一方で「現憲法はアメリカの押しつけだから自主憲法をつくろう」と言っていながら、他方では、米軍基地やＴＰＰ交渉ではアメリカに追従しており、これは明白な矛盾であるのに、誰もこれを批判しません。自民党は、いずれ自衛隊を軍隊にしてその関係を変えたいと思っており、今の若い方の多くがそれは当然だと思っているようです。教育政策においても、前の安倍晋三首相も下村博文元文科相も、最近は表立って国家主義的なことは言いませんけれども、そこへもっていくまでの条件を、外堀を埋めるかのように進めており、十分警戒しなければなりません（『日本経済新聞』２０１３年4月12日、有識者会議設置で）。

現在の保守党内閣は、その周辺にブレーンがいるのか、長期戦略的に、経済政策を成功させたら、一気に思想的な分野へ押し出す考えでいるのではないかと推測します。「教育の政治的中立性」については、かつて左翼的な動きを自民党が問題にしたのに、同じことを反対の方向から自分たちがやっていることについては問題にしていません。これは、自己中心・自分勝手な態度だと言えないでしょうか。

概して、多数の支持を受けた者は傲慢になりがちです。政党政治では多数決が決定的に重要だということを、かつて小沢一郎氏が選挙運動等の際に、その言動で明示したことがあります。現在の保守政権の教育政策は、明らかに政治主導、政党主導であり、中には「政治介入」でさえあると明言する人もいます。それが危険なものであることは歴史が示しています。

4 「自己評価」無しの「自己責任」の時代

「自己責任」強調の始まり

最近でこそ「自己責任」という用語がマイナス・イメージで語られるようになりましたが、これはかつての小泉純一郎首相のときに、小泉氏やその周辺の政治家、そしてジャーナリズムもプラス・イメージで語った用語です。この変化の一因は、ここ数年、長時間労働による自殺等の問題がジャーナリズムに多数取り上げられたことによるものと言えます。

筆者自身は、長年、日本人に「自己責任」というものが正当に認識される必要があると思ってきましたので、多少、保守党の政治家のこの用語の多用さに違和感を持ちつつ、警戒しながらも好意的でした。違和感というのは、それまでが革新政党による見方として、何事も、社会主義思想的に、自分ではなく周囲の「社会」が悪いから、こうなるのだという考えが一面的に強調されてきていたので、一種の反動として言われているふしがある、という点でした。

ところが、その後の保守政権下では、逆に何でも「自己責任」の方に結びつけ、本来は社会的条件整備により解決すべき問題まで、個々人の能力や責任のせいにされた結果、社会批判よりも「自分の努力や取り組みの熱意などの不足」とされて、個々人が追い詰められていくという状況になりました。加えて、少子化や受験競争により、人間関係調整能力が未熟なまま社会に出るため、アトム化・孤立化し、内にこもる方向でしか対処しようとせず、結果的にうつ病や自殺に追い込まれる人が増えているわけです。

これも一種の反動であり、それ以前の日本人の多くが、何でも資本主義的な社会の制度やシステムが悪いから、自分たちの生活が向上しないのだと一面的に思い込んで、組合運動などを展開してきたため、逆の方向を示されて虚をつかれたように、皆が「自己責任」のほうに流されていった嫌いがあります。これが経済面では「新自由主義」の形をとって、政府や国の社会保障や公共事業などへの保護や国からの規制に頼らず、自力で、自主的に、自分たちで立ち上がるように促されるとともに、思想面ではいわゆる「新保守主義」と呼ばれる、国家・民族主義的な部分を強化して、国家への帰属意識を高めることで「国民としての自信と誇り」を持たせようという流れをつくり出したのです。こちらの流れは、ある意味で「自己責任」とは矛盾する部分もあるのに、いまだに日本人にそのように認識されていないのは、日本人が自らを突き詰めて考えようとしないからです。

小泉元首相が行った「郵政民営化」は、国から保護されてこれまで行われてきた事業の代表的なものだったわけで、民営化されれば、他の会社の事業参入が行われ、自由競争の中で国民のための事業が進展するものと思われていました。これは一種の企業の「自己責任」による事業展開を奨励したものであり、国はそれだけ身軽になったはずなのです。しかし、民間企業は、相次ぐ事業参入により、競争が激化して、国や地方自治体に頼らず、自力で生き残りをかけて事業を推進したため、企業内部の各部署の個々人への責任も増大しました。これにより、企業間の競争激化が個々人間の競争を従来よりもいっそう激化させ、特定の有能な、あるいは期待される人材に、その責任が集中的に転嫁されるという状況が起こったと言えましょう。

小泉元首相以降、筆者から見れば、社会的に見れば「企業のトップ」が責任を持つべきではないかと思うような事例や、政府や地方自治体の責任が追及されるべき事例であると思うようなものまで、個々人の自己責任と言われるようになって、ここ10年ほど、これはおかしいと感じていたところです。この状況を加速させたのがＩＣＴ化であるという一面があります。ほとんどの事務処理が、末端の個々人の仕事として下りてくるようになったからです。

「自己責任」の行き過ぎ

なぜそうなったのかといえば、日本人が自分で考えず、他人任せにしたほうが楽だと考えるようになったからです。これは一見矛盾するように見えますが、他人任せにするということは、一番上の人に任せるか、一番下の人にやらせるか、になるということです。結局、一番上にいる人は勝手なことができることになり、また一番下にいる人はみな忙しくなり、能力の伴わない人や経験の浅い人、過重な期待を負わされた人に、しわ寄せがくるのです。そして、誰もがそれによって「無責任」な時代・社会にしてきているのです。

あるいは「当事者責任」という言葉もあります。つまり、問題が起きた場合、責任をすべてその問題に出会った人の責任にしてしまい、上司や同僚は無関係だという態度をとることを許す表現です。例えば、学校で、あるクラスの子供がいじめられていた場合、それをそのクラスの担任教師の責任と見なして、他の教員は何ら協力しない、また上司である校長を始め、学年主任や生徒指導担当教員などが、すべてその学級担任教師に責任を負わせている、といった状況を生み出します。これは「自己責任」意識の行き過ぎだと言えます。

「いじめ」が学校の大きな問題として扱われている今日、それは学校全体の体質、子供たちの生活環境の内容、学級づくりの実際などと結びつけて解決しなければならないケースが多い現状では、このような責任の持たせ方は決して好結果をもたらしません。学校や企業は「組織」としての公的責任があることは誰も疑わないところですから、最終的な公式の責任が「校長」にあることは明らかです。ところが、意外にこの種の自覚のない校長や管理職者が多くいるのです。

企業でも、ある社員が仕事上の問題に悩んでいても、それはその社員の問題であり、他の社員や上司は関係がないといった風潮が広がっています。その結果は、その社員が一人で問題を抱え込み、誰にも相談せずに結果を出せないときは、無責任に放り出すか、出社拒否を起こすか、さらに進めばうつ病などの心身の病気になって、長期にわたり会社の運営に支障をきたすことが起きます。やはり、まず「個人」の責任はあるとしても、その問題の途中の取り組みについては、先輩や同僚、上司などが適切に協力して解決に至る経験を共有させることが大切だと思います。そのように取り組ませるのが管理職の責任ではないかと思います。

このように、かつての「どこも責任をとらない」という時代から、「すべて当事者個人の責任」とする時代へ、振り子を一方の極から他方の極へ反動的に移してしまうというのも、何か日本人の特徴のように思います。それは「自分で経験し、考えない」からです。つまり、「自分の経験」をしっかり記憶していて、そこから何かを学ぶのであれば、このように極端な、反対の極に一気に移すような考えや態度はとれないはずだからです。その経験や考えをもとにすれば、いろいろな具体的情報がそこから得られるはずです。もしこのような大きな振れが起きるとすれば、それは「自分の」経験や考えではなく、他の人、上の人の経験や考えを丸呑みにして、人形のように動くだけだからです。まさに「権威主義」あるいは「事大主義」と言われるように、権威あるものに従属し、力のあるものに依存するといった態度を助長するものです。

「自己責任」あって「自己評価」なし!?

このような傾向は決して社会的に望ましいものではありません。自分の経験や考えもなしに「自己評価」はありえません。他人の経験の追認や他人の考えに従った言動は、あくまでも他人の経験や考えであり、「他人の褌《ふんどし》で相撲を取る」ということです。したがって、その結果がよくても悪くても、その評価は他人に帰されることになります。決して「自分の言動として、自分に責任のあるものではない」のですから、評価の結果も他人の責任に帰されます。上司の命令に従ったのであれば、上司に責任がありますから、結果の評価も上司に帰されます。ところが、それなのに「自己責任」だけは求められる、という状況が広がっているのです。

他方で、日本人の個人レベルの言動では、「自分で考え、自分で行う」ことを「面倒なこと」として避ける傾向にあります。誰か自分たちの考えや価値観と同じ人物がいて、その人にやってもらおうという考えです。単にそれだけなら「代表」ないし「代理」として、選挙等の手続きを経てそうしてもらうシステムは法的に存在するので、問題にはならないのですが、むしろ、自分はやりたくないからやらないという、主権者としては「無責任」な気持ちからこのシステムを利用しているとすれば、このシステムは健全に機能しないでしょう。その場合は、「全体主義」「国家主義」「独裁主義」を生む危険があります。「誰か」または「何か」に自分をすべて預けてしまうからです。

民主主義は「民」の質いかんにかかっています。とくに間接民主制の場合は、民に主体性・自主性がなければ、簡単にその「代表」にすべての主導権を握られ、「主権者」とは名ばかりで、単に「代表」の持ち駒として利用されるだけでしょう。この点において十分な条件を整えていなかったがために、かつてドイツの最も民主的と言われた「ワイマール憲法」が、「ナチス・ドイツ」の独裁主義体制を生み出すという皮肉な結果になったわけです。最近よく言われる「大衆迎合主義 populism」に堕し、「衆愚政治」を生み出すという、ギリシャ時代から警告されていた民主主義の陥穽（落とし穴）に落ちるということです。

あらためて、日本人は「自己評価」もせずに「自己責任」だけ負わせられることを、正面から問題にすべきです。民主主義においては、基本的に「責任」は「自分」にあります。これは究極においてそうであり、現実においても、多くがそうであると言ってよいでしょう。

しかし、組織あるいは社会のレベルにおいては、それぞれ一定の役割分担があり、その役割にかかわる部分については、その担当者、ときには当事者自身に「一定の責任」があるのが普通です。なぜなら、その役割についていなければ実行できない行為というものがあるからです。

例えば、国の予算をどう使うかは、予算執行に直接かかわる人、多くは政治家や官僚に責任があり、一般の国民一人ひとりにあるわけではありません。究極の責任は形式論理上、確かに彼らを選んだ国民にありますが、あくまでも選んだレベルでの責任であり、予算をどう使ったかの責任は国民にはありません。このような論理が通用せず、何でも当事者に責任を負わせるという論理の方が面倒でないというだけで、「自己責任」が高唱されたのが、小泉政権の時代だったと言えるでしょう。「新自由主義」というのは、何でも国家の保護を期待するのでなく、自分でやれることは自分でやる必要があるとして、「小さな政府（行政）」、つまり国家予算をできるだけ切り詰めて、「国営」あるいは「国立」の組織や事業や機関を減らし、その部分は国が責任を持たず、その組織等の主体が責任を持つという「自己責任」論が主流になったのです。

福祉主義をまとう国家主義

ところが現在の保守政権になってからは、何でも「政府・国家」に任せなさい、政府・国家ができるだけ多くのことをしますから、その代わり、国民一人ひとりのレベルではうるさいことを言うべきでない、政府や国の政策を批判してはならない、という方向を打ち出したのです。これは一見「福祉主義」的ですが、国民一人ひとりのためにそう言っているのではなく、国家を第一に考えている「国家主義」であって、だからこそ「国の誇り」「日本人の誇り」を、現政権自らが歴史観を修正して示し、これを持てば「自信がつき、自己肯定感が高まる」と強調したわけです。

しかし、これも国民一人ひとりが「自信」を持つことにつながったかといえば、決してそうではなかったと言えます。なぜなら、「政府・国」から与えられた「誇り」なるものは、結局、国民が「自分の経験」から獲得したものではなく、他者によって与えられたものだからです。確かにこれによって「偽の自己責任」論は後退しましたが、今度は「自己責任を持たずに済む」ことで「無責任」な意識を助長したのです。これでは、やはり国民に「自信」をつけさせることはできません。「無責任な誇りや自己肯定感」は笑いものになるだけです。なぜなら、その種のものは子供のすることだからです。子供が親の威光を借りて、自信ありげに自分を誇り、何か失敗すれば、自分のせいではなく、周囲の人のせいにするのが通常だからです。「自分の経験」や「自分の言動」に責任を持たない限り、「自己評価」は決して「自己評価」たりえません。それには「自分の経験・考え」を自由に決められる「自己決定の自由」が保障されなければなりません。「自由主義」の根底には、国民個々人の「自己決定の自由」の尊重が、法的・社会的に認められている必要があるのです。

第2章
「自己評価」とは何か

1 望ましい「自己評価」とは

自己採点と自己評価

多くの人は、「自己評価」というと、学校の先生が、試験やテストのあとに、「先生が正答を示すから、自分で○×をつけて！」というので、自分で採点することだと思うことでしょう。実際、この「自己採点」することを「自己評価」ともいうことが多いので、そのような経験を思い浮かべるとしてもやむをえないことです。

でも、これは結果的には先生が採点する手間を省くために、子供たちのためになるとしても「やらせる」ものだから、本当の「自己評価」とは言えない、という批判を受けることが多いものです。この「自己採点」は、自分が身につけた「知識」に関して行うもので、多くの子供にとってあまり意味のあるものと考えられたことはありません。もっとも、隣の子と答案を交換して採点させられることもありますから、自分の間違いを、友達の答案で気づかされる、というよい経験」も全くないわけではありませんが、それでも、何か友達の採点だと、先生の採点ではないから、あまりありがたくないように思ったものです。なぜ、これには不満が残るのでしょう。

それは「自己採点」は、必ずしも本来の「自己評価」と同じではないからです。「採点」という作業は、答えの正誤をチェックするだけですが、本来の「自己評価」は、そのチェックのあとに行われる「自分自身へ向けての反省」によって、自分自身の活動の改善やその正しさの強化が伴います。その点から見ると、「自己採点」をさせたあとには、必ず教員がチェックをすることが必要です。信頼できる大人によって、最終的なチェックを受けることで、「内省・反省・自信」が生み出されることは、教育心理学の研究上明らかになっています。

つまり、結果がよい場合は「自信」が湧いてきますし、悪い場合は「自信を失う」こともありますが、多くの場合は「なぜ間違えたのか、どこをどう直せばよいのか」を考えることで、その後の自分の学習や言動に影響を与えて成長させ、以前の自分に「知恵」を増し加えるのです。単なる「自己採点」の作業だけで終わらせることは、決して望ましいことではありません。

広義の自己評価で

では「本来の」自己評価とはどういうものでしょうか。「自己評価」という言葉は、常識的な意味としては、普通「自分の、自分による、自分に対する評価」のことを言うと思います。ただ、だからといって、「自分評価」と言わないのはなぜなのでしょうか。そう考えると、「自己」と「自分」の両者の間に違いがありそうなのは興味深いことです。しかも、「自分」という言葉の中に、無意識のうちに「自分たち」という意味を込めていることも多いので、評価の対象が個々人の場合もあれば複数の人の場合もあり、どこまでを含めるのかが漠然としていて、いっそう分かりにくいわけです。

また、「評価」というのは、どういうことを言うのかも漠然としています。「自己評価」に似た言葉で、「自省」「自己点検」「自己規定」あるいは「自己定義」というものがありますが、これらは「評価」まではしていないというニュアンスが込められています。プラスにもマイナスにも価値づけず、ただ、自分を省みて、このように言葉でとらえて表現し、明確に規定してみること以上のことはしていないということです。けれども、理論的にはともかく、私たちの日常生活においては、「私はこれこれのものである」と自己規定や自己定義をすると、無意識に、あるいはその背後にある文脈によって、ほとんど、それでよい・悪いなどの「自己評価」が含まれてしまっている場合が多いものです。

ここでは、多少古い定義ですが、一般に分かりやすく、私の問題意識に触れるものとして、教育心理学者の島津和夫氏の次のものを例として挙げておきます。「自己評価とは、生徒が自らの人となりや学習の状態や態度などを反省してみることである」(『現代教育心理学大系9：測定・評価（理論編）』中山書店、1958年)。これは教育的観点からの定義なので「生徒が」とか「学習の」と言っていますが、もっと広く「人が」とか「活動の」というように一般

化できるものです。つまり、ここで「自己評価」とは、

「人が自らの人となりや活動の状態・態度などを反省してみることである」

と定義しておきましょう。少し常識的で、あまり学問的とは言えず、より厳密な心理学的定義を求めれば、もっと新しいものや精細なものがありますが、本質的なものを含んでさえいれば、この程度の広い、ある程度あいまいさの残る定義のほうが、本書の言わんとすることを、より明確に伝えられると考えます。ただ、注意してほしいのは、「反省」してみることの中に、マイナスにも、プラスにも、両方向の価値づけ（評価・評定）がなされているということです。

「評価」と「評定」の異同

多くの人は、学校の成績を見て、「教育評価」とはそういうものだと考えていますが、これも正確な理解ではありません。「評価」は成績をつけることという常識がなかなか消えません。そして、この「評価」という言葉も最近は非常によく使われますが、それは何事も、「結果重視」の時代になってきたためのように思います。経済的な余裕が国や社会全体になくなってきて、金銭ないしコストに対する関心が従来以上に強まり、それだけのお金を使って、どれほどの成果・結果を生み出したのか、ということに厳しい目が注がれるようになったため、「評価」

あるいは「評定」が社会的な話題になってきたと言ってよいでしょう。

ところで、この言葉については、次のように理解してほしいと思います。まず、専門的には「評価」と「評定」は異なる、ということです。「評価」は、日本語としては広義のものと狭義のものがある、と考えてください。例えば「教育評価」と言えば、一般的には上述のように「学校の期末テストなどの種々の学力検査や、入試を含む大規模な学力調査などにより、子供や学校あるいは国までも順位づける」とともに、他方では、「その結果のデータを基に、教師が学校で、助言や激励を含む、子供たちの学習や指導の改善に役立てる」活動をも指す、ということです。

つまり、前者は「評定」という「価値を判定してその位置を定めること」だけを含んだもので、順位をつけたり、序列化したり、それによって合格・不合格を決めたりするのが「評定」です。しかし、それだけでなく、企業でも営業成績を基にして「業績改善」や「経営改善」を進めるために、「業績評価」や「経営評価」などの「評価」も行っているのです。そのように、現在の学校でも、通信簿や内申書（調査書）の基となっている「指導要録」では、「評定」と「評価」を明確に区別して、別々の欄に分けて記入することになっています。

ただ、ここでは、この「評価」と「評定」の区別を知った上で、これらの両方を含む全体を「広義の評価」として扱いたいと思います。その意味では、「評価」と「評定」を区別する必要がある場合は、この「評価」を「狭義の評価」と見なしてください。その区別をする必要がなく、両方を含む場合は「広義の評価」と理解されて、とくに問題はありません。

例えば、この「自己評価」という言葉も、一般に「広義の評価」の意味で用いられており、「評定」の意味を含んでいることが多いからです。実際に「自己評定」という学者もいます。先に挙げた「どうせ私なんか駄目な人間なんだから」という「自己規定」は、その裏に「そのような価値のない存在なんだ」として価値を定める「評定」と、そういう自分を今のままでよいとしているか、反省してよりよい自分に変えねばならないのではないか、という「評価」の気持ちも混在しているわけです。より正確に言えば、「自己評価」はマイナスの否定的なものと、プラスの肯定的なものの両方があり、自己規定という評定と、その後の自己のあり方への修正等を伴うということです。

このように考えると、とりあえず、ここでは「広義の評価」の意味で、「自己評価」について検討することが有益であると思います。ただ、厳密に言えば、「評定」と「評価」は、上述のようにその目的が違う以上、内容も違うはずなのですが、その内容上の違いという点が、これまであまり注意されてきていないことは残念だ、との認識は持っていてほしいと思います。

自己評価と他者評定

「自己評価」の対語は「他者評価」であると言えますが、通常、あまり「他者」という言葉を添えません。なぜなのかを考えると、「評価」は他者がするもので、自分がするものではないという固定観念が伏在しているからのように思います。もし、そうであれば、「他者評価」は厳密には「他者評定」というべきものです。

この「他者評価」と「他者評定」とでは何が違うのでしょう。それは、後に見るように、「評定」には、「評価」の機能たる「活動者自身が行う自分の活動の改善を図る行為」というものは、原理上存在しません。「他者」による場合は、活動者自身の反省や振り返りは、評定の対象なので直接には含まれず、むしろ活動者からは距離を取って、客観的な第三者による価値づけ・序列化など、その値打ちを公正に定めることが主眼だからです。例えば、古美術品などの「鑑定」などが分かりやすい評定の一例で、これはこれで大切なことであり、社会的にも個人的にもしばしば求められることで、否定すべきものではありません。

では、「他者評定」は「自己評価」にどのように関係づけられるのでしょうか。それは「自己」が「他者」にどのような関係を持っているかに依存します。例えば、飼い主とそのペットの関係のように、もし「自己」が「他者」に完全に依存し、支配されているならば、「自己評価」は「他者評定」によって強く規定され、自分自身の評価活動を省みなくなります。結果として、その人は、周囲の人や上司・上官・上役などの言いなりになり、そのような人たちの「評定」を絶対視するようになるでしょう。これでは「自己」は無視され、抑圧され、時に否定されて、健全に育つことのない、ただの人形のようになります。これでは「生きた主体」としての人間とは言えません。

望ましい自己評価

望ましいのは、「自己」が「他者評定」を主体的に参考として活用し、自分の活動の改善の一助としてそれを手段視することです。「自己」は時に自分の活動に関して、点検・評価が甘くなったり、辛くなったりします。その際に、より客観的な「他者評定」のデータを示されることによって、「自己評価」の妥当性・信頼性を確認し、その甘さ・辛さの加減を修正するよう役立てるということです。例えば、学校などの期末テストの点数は、教員という第三者による一種の「他者評定」ですが、それが「自己評価」とどれほど違うのかを比較対照して、「自己評価」の方のあいまいさを正すことにより、自分のその後の学習の改善に役立てるという場合です。

もちろん、時には「他者評定」たるテストの点数の方が妥当なものでない、という場合もありますから、必要以上に絶対視しないことが大切ですが、人は、この「他者評定」によって「自信」を得たり、逆に「自信」を失ったりしますので、望ましい成長・変容に向けて、これを効果的に生かすことが求められます。ただし、あくまでもそれを「自己評価」の改善や「自己成長」のための、「手段・道具の一つ」だと位置づけておくことが必要です。決して、集団の中での位置・序列を示すことを、「目的」のように思ってはなりません。いわば「低次の自己評価」を、「他者評定」の媒介によって、「より高次の自己評価」に高める、という関係が望ましいということです。「他者評定」を自分自身の向上のための「手段」と考えることです。

ところが、日本人は往々にして周囲の人、世間と評判を絶対視して、それに従おうとします。いわゆる「同調志向」です。この社会的風潮に多くの人が流されて、「自己評価」よりも「他者評定」の方を信じる傾向があります。その結果、自分の判断を停止し、他人の判断に身を委ねようとしがちで、世間の大勢に従うことをよしとする風潮が強いと言ってよいでしょう。しかし、これでは「自己評価」の活動は生かされず、軽視され、重きを置かれることはないということになります。それが「自信」のない、「自立」できない「自己」しか生み出さない結果になっている、と言ってよいでしょう。

2　「自己」の正体とは何か

自分への問い

まず、「自分」について問うてみてください。「自分はなぜ、人間として、今という時代に、日本という国に生まれ、現在の親の子として生まれ、ここで育ち、ここで働き、この仕事をして、（人によっては）子育てをし、１００年前後の人生を送り、どこかで必ず死ぬことになるのか」という疑問を持ったことはありませんか。驚くことに、こういう問いの一部を、まだ言葉もはっきりしない幼児が、素朴な気持ちで親や大人に問うことがあります。

例えば、あるイギリスの精神科医レインは、自分の８歳前後の子供、アダムたちの次のような言葉を挙げています（おとうさんとアーサー、ニーナ以外は子供）。

「（前略）

アダム　　神さまだって生まれたはずでしょ？

おとうさん　神さまは生まれっこないよ。神さまが存在するとしたら、いつでも、永遠に存在しているんだから。
アダム　でも、それじゃ、神さまはどうやって地面の上を歩いたの？　それに、どっちにしても、誰が神さまをつくったの？
キラ　（アーサーに）私をつくったのは、おとうさんとおかあさんよね。
アーサー　つくったってわけじゃないね。
キラ　じゃわたし、どこから来たの？
ニーナ　人間は、人間から生まれるのよ。それで神さまが最初に人間をおつくりになったのよね。
（下略）」
（レイン、R・D／弥永信美訳『子どもとの会話』海鳴社、1979年、188頁）

こういう問いを持つこと自体、とても他の動物にはないことで、人間だけが持つ問いであると思います。それも多くは、子供や大人との間で交わす、人間同士の言葉によるコミュニケーションから生まれてくるとレインは言います。もちろん、それに近いもっと簡単な問いは、他の高等動物、例えばゴリラやチンパンジー、犬や馬や牛なども、きっと持っていると筆者は考えていますが、言語を持たない彼らの心の中の動きは、私にもよく分かりません。

でも、犬や馬がこのように自問する「自意識」ないしは「自己意識」を持つことが、全くないとは言い切れません。彼らも人間と同じ、自分の脳に「新皮質」（大脳の表皮の部分で、しわが多く、厚さは2～3ミリで発達の時期や部位によって異なり、発達すればするほど薄くなる）を持っており、この「新皮質」が「自意識」を司っていると言われているからです。きっと人間ほどの優れた高次の機能を持つ脳ではないので、その意識も複雑で精細なものではないでしょう。ただ、例えば、鳥や獣が自分の縄張りを主張して、他の同種の仲間と喧嘩をしたときの勝負に関する知恵や戦略、勝ったあとの自分の力への意識や反省は、人間と同じような心理状態を経験していると思いませんか。

「自己」と「自己概念」

ところで、「自己意識」は「自分の、自分に対する意識」ですから、「自分という者はこういうもの（例えば、気が小さいものとか）である」という「自己概念」を生み出します。つまり「自分とは何者か、周囲の人は自分を、どういう人または存在と見ているのか、その反対に、自分は周囲の人をどう見ているのか」という問いの照り返しとして、「そういう自分はどういう自分だと言えるのか」「そういう自分はこういう自分だな」といったことを含む「自己概念」ないし「自己規定」を、意識的・無意識的に繰り返し行っています。そして、「変わっていく」自分と「変わらない」自分の両方を見て、「自分は○○な人間である」「自分は周囲の人から○

○な存在と見られている」といった概念規定を意識的・無意識的にしているのが普通です。
ここで、大切なことを1つ言います。この「自己概念」ないし「自己規定」は「言語的ないし非言語的に」表現されていますから、あくまでも「頭の中に描かれた概念ないしイメージ」であって、「自己」そのものではありません。むしろ「自己」そのものは、通常ほとんど無意識的に「概念化」している方の私、「規定」しているほうの私であり、対象化できません。「概念化している私がここにいる」と感じているだけで、それ以上のことをしてはいないのです。ですから「自己」は、「精神分析」的な「無意識」の働きとして、まずは理解しておきましょう。ただし、精神分析的な「自己」と全く同じでないことは、あとで明らかにします。

「自分」と「自己」の区別

ところで、ここまでの言い方で、私は「自分」という用語と「自己」という用語をあまり区別せずに、一般的な表現をして使ってきました。でも、実は「自分」と「自己」は必ずしも全く同じ意味ではありません。

ちょっと、この2つを吟味してみましょう。多くの人は、「自分」というと、

「自分はそんな人間ではありません」

「自分には心当たりがありません」

とか言います。その「自分」のところに「私」は入れられますが、「自己」を入れて言うこと

ができますか。通常、「自己はそんな人間ではありません」といったような言い方はしません。また、英語で「自分」はIですが、「自己」はselfであって、明確に分けて使います。

では、どうしてなのでしょう。すぐ分かるように、「自分」という用語には「分」という字が入っていて、これは日本語では「身分」などの「社会的な性格」を表すときに使います。例えば、目上の人に尋ねられると、「自分には分かりません」とか、「自分にお任せください」といった言い方をするのが普通です。目上・目下、役割、立場、身分などという社会的な観点から言うと、「自分」という用語が使われるわけです。

では「自己」という用語は、どういうときに使われるでしょうか。少なくとも上に述べたように、社会的な観点を直接は念頭に置かず、純粋に「個人的な性格・考え方」について、

「自己自身を深く吟味せよ」

「自己に克つことが君の問題だ！」

とか言われるときに使われる用語だと言えるでしょう。もちろん、ここに挙げた例では「自己」を「自分」に入れ換えても十分通用しますが、その場合は、やはりどこか「社会的な観点」を加味して言われているのが普通だと思います。でも基本的には、その人自身の個人的な「自己」が問題にされているのです。例えば「自己評価」とは言いますが、「自分評価」とは通常言わないでしょう。

自我について

ここで、もう1つ、よく心理学などで使われる「自我」についても、「自分」や「自己」との異同を述べておきましょう。「自我」は英語で ego と言われますが、この用語も、英語でも日本語でも多義的で、ときに「自己」と区別せずに使われることがあります。精神分析学では、古典的には「自我」は意思のない操り人形のような存在で、「力動的」つまり「エネルギー」的なものに左右されるものと考えます。とくにフロイトはこれを、「無意識」の世界から来る生来の生物学的衝動（それを「性的」なものとして「イド id」「ラテン語」とか「エス es」［ドイツ語］と名づけました）と、社会的な規範などによる強制・抑圧的なもの（それを「超自我」と名づけました）との2つがあると考えました。

そして「自我」は、当初、この下からの内的衝動たる「イド」に突き上げられるとともに、上からは社会的規範によって縛ろうとする「超自我」によって抑圧され、その時々に両者のうちの強いほうに翻弄される「無力なもの」と規定されました。確かにそういう「自我」の姿もありますが、その後の研究により、現在では全く無力なものではなく、「一定の力を持つもの」として、もう少し能動的な働きを認められるようになっています。

けれども本書では、「自分」や「自己」とも異なる、より「心理学的な性格」の用語で、生理的・心理的要求に基づき、意識的・無意識的に内部から自らを動かすものと、やや古典的な

意味で「自我」をとらえたいと思います。例えば、

「あの人は自我の強い人だ」

「思春期に入り自我に目覚めたようだ」

とかいう表現で使われる場合を考えてください。

このように見てくると、この３つの用語の意味範囲は、「自分」が一番広く社会を含んでいる全体概念であり、次が「自己」という個人的な意識を中心にしている部分概念で、最も狭いのが「自我」という個人内部の心理学的・生理学的な力（エネルギー）を指す部分概念だと考えることができましょう。そうとらえることであまり大きな誤解は生まれないと言えるからであるとともに、これから論じていく上で重要な異同を示すものだからです。そして、「自己評価」はこの３つの用語の相互関係に深く関わるものだということに留意してください。

自己概念とはどういうものか

一般に、誰もが「自分とは何者か」との問いを立てた場合、「自分は日本人である」とか「自分は家族の中の父親である」などという答えで済ませてしまう場合が多いと思います。でも、子供の場合はどうでしょうか。そのような概念規定よりも、「自分は両親に好かれている子だ」とか「どうせ自分はみんなの言うような乱暴者だよ」などという、具体的な境遇・状況との関係で生み出され、意識的レベルから無意識的レベルへと形成されるものであるのが普通

です。
筆者は、アメリカの著名な臨床心理学者C・ロジャーズの親友で、彼に高く評価されつつ若くして亡くなった、臨床心理学者のP・レッキーの理論に共鳴するところが大きいのですが、レッキーは「自己概念」について、次のように規定します。

「その個人の自己自身についての概念」

例えて言うと、「自分は音楽が好きな子供だ」、「自分はみんなからよい子と言われている子供だ」、「自分は昆虫の大好きな子供だ」、「自分は数学が苦手な子供だ」、「自分は頑固な子供だ」などというように、「自分に関するイメージで、よいものも悪いものもすべて、ある種のレッテルを貼って、自分を言語的にもイメージ的にも、概念上明確化すること」だと言ってよいでしょう。それも、特定の概念が1つあるのではなく、さまざまな次元で受け止め、さまざまな観点から「多様な自己概念」が示されるのです。
ところで、すでにお分かりのように、「自己概念」を論じていながら、説明の方では「自分」という用語を多用しています。これは、日本人が子供時代から、自身が周囲ないし外部から、換言すれば「社会のほうから」どう見られているかを常に意識して、「自己概念」をつくっていることを示しています。でも、必ずしもその方向で概念規定せず、むしろそれに反発して、例えば「私は、本当は頑固者ではない」との「自己概念」を持つ人もたくさんいるのです。これは社会的な影響を拒む、その人個人の「自己自身のとらえ」だからこそ、まさに「自己概念」であると言えます。まさに本人による個人的な概念規定なので、「自己」の用語がふさわしいわけです。ただし、先に例示したように、「自分」や「自我」との関係を持つのが普通です。

ところで結果として、「君は自分をどんな子供だと思っているのか？」と聞くと、上述したような答えが返ってくるのが普通です。私はこれを、「自分が持つ、自分による、自分に対する（個人的な）ラベリングまたは自己規定（自己定義）」と呼んできました（拙著『自己評価』図書文化、１９８７年、44頁）。他人による規定・定義に従う場合も、反発する場合も、ともに「自己自身」の責任による個人的な、したがって時に主観的な定義・規定なのだと言えます。

自己の意識性・無意識性

このように見てくると、「自己」は「自我」や「自分」とは異なる意味を持っていることが分かります。「自己」は「社会的性格」はほとんどなく、また「生物学的・精神分析的」なエネルギー・欲求でもなく、「中立的・中性的・心理学的」性格の強い言葉で、英語で言えば、「自己」は self であり、「自分」の I、「自我」の ego とは区別されるでしょう。

「自己」とは、「自分」の社会的言動を吟味し、「自我」の内的欲求を調整する、「主体的・内省的・意識的かつ無意識的に、統一的な体制を維持する」ための心の働きを指している、と言ってよいでしょう。この意味では、「自己」は、対社会的には「自分」を吟味し、対個人的には「自我」を統制して、両者の中間に位置して無意識的に、ときに意識的に両者を支配し、両者との関係を調整するもの、と言ってよいと思います。

この「自己」の心の働きが弱い場合は、「自分」か「自我」が強く表に出てしまいます。「自分」という対社会的意識の強いときは、「社会にただ合わせているだけの存在か、逆に社会に抗して立とうとするような存在」のどちらかとなり、無意識の「自我」が強いときは、いわゆる「周囲の雰囲気を読めない」人で、「自分の考えや主張、欲求ばかりを押し通そうとする、頑固でわがままな存在」として、通常は周囲から敬遠されることになります。もちろん、「自己」の心の働きの強い人でも、外見上「わがまま」に見えたり、「頑固」に見えたりしますが、「内省」や「自意識」が働きますので、話し合うということができます。

ところで、「自己」にはもう1つ、大事な特徴があります。それは、「自己」が内省的・意識的だという場合、「意識している自己」と「意識（の対象と）されている自己」の2つがある、ということです。言い換えれば、「見つめている自己」と「見つめているほうの自己」「見つめられているほうの自己」の2つです。「自分」というものにも似た特徴があり、切り離せない場合が多いかもしれませんが、「自我」にはこのような特徴はありません。「自我」は常に「見つめている自己」の背後ないし奥や下のほうに隠れているだけのものです。

言い換えれば「意識しているほうの自己」は、意識している自己を「感じる」ことができるだけで、対象化できません。他方「対象として意識されている自己」は「自分」や「自我」を含んだもので、これらの統合化された全体的イメージです。このため、「どうせ私なんか、何をやっても駄目な人間なんだ！」というような言い方が、「自己概念」として扱われるわけです。このように言うとき、「言っている自分」はそう言っているなと感じているだけであるのに対して、「駄目な人間とされている自分」は、そう言っている自分が、自らをそのようなものとして対象化し、イメージとして描いたものだ、ということです。そして、その中には、無意識のうちに「自己評価」がすでに含まれていることに気づくことでしょう。

3 「自己」は体制化されている

ところで前述のように、「自己」といっても、いつも常に「意識的」であるとは限りません。無意識のうちに「自己」が働いていることがあります。それは「自分」でも「自我」でもない、明らかに「自己」としか言いようのないものの働きです。一部の人はそれがほとんど無意識に働くため、「自我」と同一視することがありますが、「自我」のような「欲求」とは異なる点で、ここでは「自己」として考えてみたいと思います。

例えば、欲求とは異なる無意識的な働きとして、私たちが物を握るという行動をとるとき、その握る力の強さは、最初にそれを見て硬さを予想し、さらに握った瞬間の手触りからも情報を得て、どれぐらいの力で握るべきか瞬時に判断しているからこそ、それを落とさずつぶさずに、適切に握ることができているのです。これは、ほとんど無意識的なフィードバック情報が可能にしているもので、「自己」の働きの1つと言ってよいでしょう。ただし、これは筋肉運動などを通した生理学的な性質のもので、それ以外に心理学的な性質のものもあります。例えば、痛みを感じたとき、別のことを考えてそれを軽減させることがありますが、それは無意識に、自動的に行っている「自己」の働きと言えます。

自己統一性の保持

実は、このような働きから、「自己」は体制化されている、と考えられています。「体制化されている」とは、複数の要素が、何らかの関係のもとに組織化されている、ということです。「自己」が単独の要素からできているのではなく、複数の要素から成る一定の構造を持つ組織体であるというのです。この「体制化されている自己」については、先述したP・レッキーによる「自己統一説」が示唆的です。彼の説は、要約すれば次のような考え方だと言えます（P・レッキー／友田不二男訳『自己統一の心理学』岩崎書店、1955年）。

レッキーは「自我」について、「自己」と区別せずに、次の2点を強調しています。

①　自我は体制化されている

②　自我はそれ自体、力を持っている

ここで「自我」と訳されているものは、原語がselfであることと全体の論旨から見て、私のいう「自己」のことだと解されます。このうち、①の主張は「自分の好きなもの、自分に都合のよいもの、自分の考え方に合うものは受け入れるが、そうでないものは受け入れないような体制を持っている」ということなのです。

この「体制」は、外からの刺激ないし情報に対して、その体制に合うものは基本的に「同化」するが、そうでないものに対しては、次の４つの反応をすると言います。

ア　拒絶する
イ　排除する
ウ　合理化する
エ　自己概念を変えて同化する

そのことによって「自己統一性 self-consistency」を守るように体制化されている、とレッキーはいうのです。重要なことは、この統一性の中核に「自己概念」というものがある、ということです。つまり、この「自己概念」に合うものは受け入れますが、そうでないものは始めから受け入れないか（拒絶）、無理に入れさせられると一時的には入れますが、適当なときに外へ出してしまうか（排除）、自らの体制とくに「自己概念」に都合のよい理屈に直して入れるか（合理化）します。そうすることで、それまでの「自己概念」を変えなくて済むのです。

これに対して、最も興味深いのは、最後の「自己概念を変えて同化する」というものです。これはその人自身にとって、大変難しい、ときに辛く苦しいものであって、そう簡単に、自動的に、無意識的・無自覚的にできるものではありません。なぜなら、「自己概念」を変えるということは、それに関係する諸概念、そしてその相互関係によって統一的に組織されて安定している「自我（自己）体制」全体を、一度こわして再構成しなければならないからです。一時的にせよ、一種の自己放棄、自己破綻を覚悟しなければならない、ということだからです。これは本人にとっては大きな勇気の要ることであり、強い意志と能力を必要とします。

自己概念とカウンセリング

そこで大きな役割を果たすのが、臨床心理学の分野の「カウンセリング」なのです。ここで重要視されているのは、この「自己概念」というものです。レッキーはこれを、先述のように、「自己概念」とは「その個人の自己自身についての概念」であると定義しますが、これを再度例えて言うと、「自分は、生来、頭の悪い人間だ」とか「自分は、素直でおとなしい子だ」といった「自分が持つ、自分による、自分に対するラベリングまたは自己規定（自己定義）」あるいは「自分とはこういうものだという概念規定」のことだと言えます。

この「自己概念」を中心にして、その人の持つ諸々の概念が相互に体系づけられ、組織化されているものを、レッキーは「自我体制 self-organization」（友田訳）と呼ぶのですが、原語からすれば「自己体制」と呼ぶ（訳す）べきものです。この「自我（自己）体制」が常に安定的に「自己統一性」を保とうとして、先のアからエのような「排除と同化」を無意識的に行っているというのです。この場合、アからウまでの3つは分かりやすいと思いますが、最後のエのような「自己概念を変えて同化する」という例はどういうものでしょうか。

例えば、失恋したとします。そのときは落ち込みますが、「ちょっと旅に出てくる」と言って出かけて行き、何日後かに帰ってきたときには、「人が変わった」ように、元気に働き出した、などという人の場合です。この人はなぜ変わったのでしょう。それは、失恋したときまでの「自己概念」を変えたからだ、ということです。

旅の間に自分を振り返り、それまでの自分についての概念（例えば、「彼女に嫌われたのは、今までの俺が悪いからではない」と考えると、古い自己概念をそのままにしておけばよいのですが、逆に「今までの自分が悪かった。これからはこういう別の自分になろう」と心に決めた場合は、それによって新しい「自己概念」を持ち、それに合うように自らの言動の「自己統一性」を持った「自我（自己）体制」を再構成し始めるのです。これは本人にとっては大変苦痛を伴うものですので、一定の時間がかかります。だから、時間をとって旅から帰ってきた人を外から見ると、その人は、ガラッと人間が変わったように見えるわけです。

臨床心理学では、このような人の助けをする場合、「カウンセリング」と呼ぶ治療をしますが、カウンセラーが治療の対象として重視するのが、この「自己概念」です。この「自己概念」をより望ましいものに変えられるとき、その人は大きく人格変容して、成長・成熟するからです。人間の成長・成熟は、決して連続的・量的な学習や段階的な発達によるものだけでなく、このように、何らかの1回的な出来事や人物との出会いによって、非連続的・質的に変わることがあるわけです。これは、この「体制化された自己」によるものなのであり、その変容に決定的な役割を果たすのが「自己概念」だということです。

自己概念と自己評価

ここで見逃せないことは、この「自己概念」はほとんど「自己評価」を伴っているということです。つまり、先ほどの例で言えば、「自分は生来頭の悪い人間だ」という自己概念を持っている場合、この自己（自我）体制をこわされることを恐れて、「だから、それでよいのだ。それに見合うように行動した方が都合がよい」という価値づけを含んでいるのです。なぜなら、そのように思えば、自分の「自己統一性」が保たれ、安定した精神状態でいられるからです。

通常、この「自己概念」をこわされると、それまでの「自己（自我）体制」もこわれて、もう一度再体制化する必要に迫られるので、誰もがそうならないように、まず無意識にこの体制を守ろうとします。しかし、「自己概念」が望ましくないものである場合、これをこわさなければ、その人の「脱皮」や「変容」などによる「成長」は生まれません。まさに、ここに「闘い」があるのです。

ただ、カウンセリングの中には、このような内面的な闘いでは、実は本人が、心の奥底では「より望ましい方向に自分を変えたいと思っているのだ」と見なして、カウンセラーはその奥底の望みを満たすよう手助けしてやればよい、本人自身に生来そのような性向が具わっているのだという立場のものもあります。実際、そういうケースは多いと言ってよいでしょう。そういう立場でカウンセリングをすれば、本人自身がその内的な力を自覚し、自力でその困難な闘いに打ち勝ち、達成した暁には自分に大きな自信が生まれるでしょう。

ただ、「自己概念」が望ましいものであれば、常に前向きに生きる積極的な姿勢が生まれますが、望ましくないものであれば、それに合わせて自分の言動を方向付けますから、だんだん退行的になり、悪い自分のイメージの方を強化していってしまいます。最近の子供の「自己肯定感」の低さが社会的な話題になっていますが、これは決してよい傾向ではありません。もちろん、「自己概念」が良過ぎて、自己肯定感が不当に高い場合もありますから、それも望ましくありません。

かつて数十年前、学生運動の盛んだったころには、一般社会や学生に「自己否定」しろと迫った左翼の運動家の言葉がはやりました。これは「自分の偽善・自己欺瞞・貪り・傲慢などの悪いところを無くさなければならない」という意味の「自己評価」的な自己告白であり、周囲の人への警告でしたが、最近は逆に保守的な傾向の人たちの、視野の狭い、内向きの「自信」「誇り」「自己肯定」がもてはやされており、インターネットなどを見ると、独善的で一面的な見方が、一般の人に対する、多数をバックにした威圧的な姿勢のもとで、不当に社会的に歓迎されています。これを政治的にあおるような風潮を見ると、日本人は歴史から何も学ばなかったか、自分に都合のよいところだけを学んだか、に終わっているのではないでしょうか（「『見たいものだけを見る政治』支えた国民意識　宮台真司氏」朝日新聞デジタル、２０２０年９月14日）。

このような謙虚さのない「自己評価」を下敷きにした「自己概念」では、日本人はいずれ世界的に信頼を失い、嫌われて孤立する心配があります。客観的に妥当な「自己評価」に裏打ちされた「自己概念」を持つことがいかに大切か、それを常により望ましいものに変えていくこと、強めていくことがいかに大切か、ということにもっと目を向けなければなりません。

しかし、日本人は歴史的に見て、どうも妥当な「自己評価」をしないできてしまった嫌いがあります。この点については、後ほど第３章および第４章で検討してみましょう。

4 「自信」を培う「自己評価」に

何のための「自己評価」か

　そもそも「何のため」に「自己評価」をするのか、について考えてみましょう。すでに前節で述べたように、生理学的な自己評価は「フィードバック（情報の送り返し）」としてよく知られているものです。この「フィードバック」には、通常2つのものがあるとされています。1つは「負のフィードバック」、もう1つが「正のフィードバック」です。前者が普通によく言われる「フィードバック」のことです。

　この「負のフィードバック」というのは、例えば飛行機が自動操縦装置で飛ぶとき、風などで流されて本来の航路からはずれたときに、元に戻すためのものです。つまり、飛行機が本来の航路に沿って飛んでいるゼロの状態から右か左に逸れたときに、元のゼロの状態に戻すために働くものだからです。

　一方、「正のフィードバック」とは、本来求めている目的に添って行われるよう、必要な情報を送り返すことです。例えば、飛行機が別の航路に変更する場合に、一度その方向に飛行機を動かしたけれども不十分なので、さらにその方向に飛行機を動かす場合に「正のフィードバック」を働かすと言います。

「自己評価」をこのような「フィードバック」と同一視する考え方もありますが、これは必ずしも同一とは言えないと考えています。その理由は、「フィードバック」はほぼ本来の基準に向けて自動的に働く情報の送り返しに過ぎませんが、「自己評価」はその良し悪しの基準を、評価する主体が動的に決めることができるからです。つまり、始めから正解が決まっている場合は、飛行機が正規の航路に戻るための「負のフィードバック」を働かせるのと同じですが、正解が決まっていない場合は、その正解を探りながら「行為者」が価値判断していくところが異なっているのです。

そう考えると、「自己評価」は、「自己の向上」を追い求めつつ、その「向上」に照らし合わせて、自分の行為をそのつど価値づけるための機能で、これがないと「自己の向上」が確認できず、効果的な行為だったか否かが不明のままに終わり、いわゆる「自己効力感」が明確には得られない、ということです。この「自己効力感」こそ、私たちの「自信」の源であり、その確かさが強ければ強いほど、「自信」も強まります。

「反省」と「自己評価」の違い

一般に「反省」することが、自分の行為の良し悪しを点検し、その行為を改善するうえで必要だと求められます。この意味で日本では、「反省」が「自己評価」とほぼ同じであると見られるのが普通です。確かに、「反省」は主として自分の悪い点を見つけ、それを正すために言われるのが普通ですから、そう受け取られても仕方ありません。

しかし、日本語の「反省」に当たる英語「リフレクション reflection」という語は、決してそうではありません。「内省」とか「熟慮」などの訳語をあてる場合もあります。例えば、心理学の分野で、ものの知り方には人によってタイプがある、という意味の「認知類型」というものがありますが、ハーバード大学のJ・ケーガン教授が提示した類型として、「衝動型 Impulsive」と「熟慮型 Reflective」というのがあります。その類型を決める検査は、あるものの絵と同じ絵を、複数（6から8つ）のよく似た絵の中から当てさせるのですが、最初の反応までの時間を、8秒を境にしてこの2つの類型に分けます。すなわち、8秒以内に識別して当てようとして指差す人は「衝動型」の人、8秒以上かけて識別して指差す人は「熟慮型」とタイプ分けするのです。

この場合は「熟慮」して、同じ絵を複数の絵の中から識別するのであり、「反省」しているわけではありません。そういう意味で私は「内省型」と訳したことがありますが、心理学界では「熟慮型」という訳語が広まりました。この検査における実際の心理的な心の動きはどうかと考えてみますと、「熟慮型」の人は、じっと複数の似た絵を見つめ続けて、細かい点まで見極めてから最初の手で正しい絵を指差すので、途中で「これかな、いや違う、こっちかな、いや違う、これだ、間違いない」といった探し方をしているはずです。その意味では、絶えず「自己点検・自己評価」をしていて、そのステップを経てから行為を示しています。ところが、「衝動型」の人は、パッと見てすぐ無意識に最初の手を出し、「これです」と言います。間違っても、またじっくり見ないで「じゃ、これだ」といって次の手を出します。この型の人は、ほぼ直感的にこれっと思うとすぐ手を出して指差すのです。

実は、この類型は生来のものとされていて、学習によって変わるものとは思われていません。そうだとすると、「自己評価」は「熟慮型」の認知の仕方をする人は馴染んでいるが、「衝動型」の人はあまり馴染めず、それを求めてもなかなか実行しないのではないかと思われます。しかし、程度は変えられますので、「衝動型」の人にも、「少しじっくり、よく見て答えなさい」といって指導することで、ある程度は変わります。はたして日本人は「反省」も含む「熟慮型」の人が多いでしょうか。人種や民族によって、この2つの類型の比率が違うのかどうか、私は知りませんが、能力の高低には必ずしも相関がないようです。でも、時代の風潮はかなり影響しそうです。

「前向きな自己評価」と「第三者のチェック」が必要

すでに述べたように、自我体制の中枢にある、「自己」の核としての「自己概念」は、この種の「自己評価」の積み重ねによって形成されます。その際、「自己概念」は無意識の世界につくられますが、「自己評価」には意識的なものも加わります。何回もの「自己評価」が積み重なって無意識の「自己概念」をつくっていきます。

その場合、「自己評価」が、「自己肯定的」なものであれば、そのような方向で「自己概念」も形成されます。例えば、「僕は数学が得意だ」という「自己概念」を持っている子が、数学のテストで毎回よい点を取っていれば、その「自己概念」は強化され、「自信」を生み、時に「過信」をさえ生みます。しかし、逆に「自己否定的」なものであれば、テストで何回かよくない点をとった場合、それまでの「自己概念」は動揺し始めて、結果的に「自信」を失ったり、弱めたりします。

このようなときに必要なことは、前向きな「自己評価」の「習慣化」ということです。最初は「意識的に」行わせる「自己評価」になってしまい、少し矛盾した状況の中で「自己評価」させますが、全体の方向性としては、いずれ本人が、言われなくても「自動的に」、つまり「無意識に」前向きに自己評価することをめざすことが重要なのです。

いずれ最後にまた触れますが、「自己評価」が正確に、また前向きに行われないと、「自己の向上」は無駄の多い、効果の薄いものに陥ります。それは誰もが望まないはずですから、的確な「自己評価」のできる子にしなければなりません。それには「自己の向上」のために、「自己点検・自己評価」を「習慣化」させること、「自己評価能力」を育てることが必要です。最近の子供たちも大人も、その様子を見ていると、何事も「やりっぱなし」「言いっぱなし」「聞きっぱなし」で済んでいる生活になってはいないでしょうか。これでは、「自己の向上」は効果的に進みません。

「自己肯定的」なものも、「自己否定的」なものも、どちらの「自己評価」も大切なものですから、小さいころからその種の行動を「習慣化」させるように留意してください。その際に大切なことは、「親や教員、周囲の大人などの第三者」が、その「自己評価」をチェックしてやることです。なぜなら、その評価は主観的で、一面的なものになりがちだからです。そういう周囲の人のチェックを受けることで、より妥当で、正確な「自己評価」を本人ができるようになっていくのです。そのことがあいまって「自信」を生むのであり、それがないとなかなか「自信」にはつながりません。

5 新時代の「自己評価」のあり方

「資質・能力」育成のための教育の志向

ところで、最近の学校における子供の評価はどうなっているのでしょうか。「自己評価」は「自信」を育てるために、どれほど行われているのでしょうか。

2002（平成14）年に、教科学習だけではなく、「総合的な学習」が必要だとして、そのための時間が全面的に学校にもうけられて以来、「総合的な学習」の成果をどう評価するのかが大きな問題となりました。これに応えてきたものの1つが「自己評価」であったと言えます。教科の学習の成果は、従来から主として教科ごとにペーパー・テストによって測られ、その扱いに問題はあっても点数によって「数量的」に示されました。ところが、「総合的な学習」のねらいは、単に各教科で学んだ知識・技能・態度だけでなく、それらを子供自身が総合して、実際の複雑な生活や複合的な問題を解決していくことであり、そのための能力が「生きる力」と唱えられました。それを評価する方法の1つが「自己評価」でした。

現行学習指導要領では、その「生きる力」が、OECD/PISAの測ろうとしている「資質・能力」とほとんど同一視されています。この「資質・能力」は、中教審答申では、周知のように、次のような「3つの柱」から成るものとして示されています。

①「何を知っているか、何ができるか」(個別の知識・技能)
②「知っていること・できることをどう使うか」(思考力・判断力・表現力等)
③「どのように社会・世界と関わり、よりよい人生を送るか」(学びに向かう力、人間性等)

またこれを念頭において、「コンピテンシー」(大人に必要な実力=資質・能力)の具体例として、

「自立した人間として多様な他者と協働しながら創造的に生きていくために必要な資質・能力」、特に「主体的な意欲、多様性の尊重、協働のためのリーダーシップやチームワーク、コミュニケーション能力:豊かな感性、優しさ・思いやりなどの豊かな人間性の育成との関係:各教科等の役割や相互の関係の構造化」

が挙げられています。

現在のOECD/PISAのテストによる評価問題は、この種の「資質・能力」をおもに測定していると見てよいと思われますが、この中には、通常のテストにより数量的に測れない種類のものがあります。いわば「質的な」タイプの資質・能力です。例えば、意欲、リーダーシップ、コミュニケーション能力、感性、思いやりなどです。最近は、こういうものを「非認知

能力」と呼んだりしますが、こういうものについての評価の方法が種々提案されている中で、「自己評価」が重要視されています（例：中山芳一「キャリア教育における多元的自己評価試論：非認知能力を手がかりとして」『岡山大学全学教育・学生支援機構教育研究紀要』第1巻、2016年など）。

中教審答申では、「アクティブ・ラーニング＝主体的・対話的で深い学び」の評価方法として、「観点別学習評価、パフォーマンス評価、ポートフォリオ評価、キャリア・パスポートなど」として具体的に例示されています。しかし、これらの新たな評価方法について、筆者は「自信」を育てる「自己評価」を核にすることが有効な評価方法だと考えていますので、以下に少し具体的に説明します。

観点別学習評価の仕方：相対評価と絶対評価

2018年の学習指導要領改訂により、高校の指導要録にも各教科の「観点別学習評価」が全面的に導入されることとなりました。「観点別」と言うとき、今回は全ての学校種・全ての教科で、上述の「資質・能力の3つの柱」が、その観点として用いられることとなりました。これは大きな変更点で、従来は「教科の特性に応じて」学期ごとに観点の数や種類を変えることができたのに、それが許されなくなりました。

「観点別学習状況」の評価欄は、一般には「評定」の欄で「全体的な総点」を示し、「観点別学習状況」の評価欄で「個別部分の分析」を行う、という理解のようですが、筆者はこの理解は、この欄が登場した経緯を誤解したものと考えています。この「全体と部分」の関係でとらえる考え方は、国立教育政策研究所が示したものですので、公的な承認を得ているものと言ってよいと思いますが、理論的には望ましくないと思います。

それというのも、「評定」の欄は、従来から「相対評価」によるもので、５から１までの５段階評定で、５は全体の人数の何％、４は何％と、全員に5をつける趣旨のものではなかったのです。そのため、昭和50年頃に「指導と評価の一体化」が叫ばれ出したとき、これでは序列化するだけで指導（の改善）の役には立たない、と批判されたのです。とくに、これでは子供たち全員に「自信」をつけさせるものとは言えません。そこで、「教師の指導や子供自身の学習（の改善）」に役立つデータとして、「絶対評価」の欄をつくり、それがどういう部分・どういう点の改善に役立つかの情報を与えるべきである、という声が高まったのです。「絶対評価」ならば、他の子供との比較をせずに、個々の子供の改善点を明示できるからです。それが「観点別学習状況」の評価欄だったわけです。

現在は「評定」の欄も「絶対評価」に変わっていて、全員に5をつけることが可能ですが、中学校では高校入試のデータとして使われることが多いため、依然として多くの中学校が「相対評価」にしている実態があります。しかし、これでは教師や子供たちに「自信」をつけることはできません。

観点別学習評価の目的

今回の改訂で、現行の学習指導要領及び指導要録では、正式には「観点別学習状況の評価」と言っていますが、多くは「観点別学習評価」とか「観点別評価」と略称されています。趣旨は従来の小・中学校におけるものと変わらないもので、それを高校まで拡張することとなったのですが、必ずしも上述の「本来の趣旨」を受けたものとは言えません。

そこで、あらためて「観点別（学習）評価」の「本来の趣旨」である「指導と評価の一体化」のために、どうしたらよいかを考えてみましょう。「評価は原理的にはすべて自己評価である」との筆者の主張からすれば、この「観点別評価」も、まずは「教師の自己評価」として行われねばなりません。そうだとすれば、まさにその評価は個々の子供ごとに異なる「絶対評価」でなければなりません。他人と比べて序列をつけることが目的ではないからです。むしろ、これを教師や子供たちが「指導」や「学習」を進めていく上で、「自信」を育むものにしていく必要があります。

今回から全教科の「観点」が、共通の3つのもの（知識・技能、思考力等、学習意欲・態度等）に限られましたが、その観点ごとの評価が「その観点に関わる指導部分の改善に役立つ」ものでなければ、行う意味はありません。したがって、教員としては、三つの観点と実際の授業における指導活動とを、常に背中合わせに組み合わせておく必要があります。

そこで役に立つと思われるのが、「ポートフォリオ評価」であり、「パフォーマンス評価」であると思われます。前者は、教員のメモ以外に、学習者の書いたものやつくったもの、提出物などが資料として保存されており、単元ごとにその全体的な学習活動に関する評価データが得られます。この方法で一定の効果を挙げた一例として、筆者の手元に、中島雅子氏のＯＰＰＡ（One Page Portfolio Assessment／１枚ポートフォリオ評価法）を活用した研究実践がありす（中島雅子『自己評価による授業改善：ＯＰＰＡを活用して』東洋館出版社、２０１９年）。

この研究の長所は「学習者の自己評価による教師の自己評価」という形で、学習者の自己評価と教師の自己評価とを結合する点にある、と主張されています。教師間にそういう関心があるとすれば大いに参考にするとよいでしょう。「教師の自己評価を可能にする授業の構想」というものも示されていて、これが教師の「自信」を強める足場になるものとして、示唆に富んでいます。

また後者の「パフォーマンス評価」は、教員の指示した言葉、励ましなどの評価言、友達同士の議論や試技などの見学、その他子供たちの実際に行った行為（書くこと、描くこと、言ったこと、行ったこと（演技や演奏など）、つくったものなど）を、教員自らがしっかり見て吟味し、評価・鑑賞し、指導や学習の改善に役立てるわけです。この評価方法には種々の視聴覚機器・電子機器が効果的に使えると思います。

この２つについては、そのデータは教師の指導活動にも、子供の学習活動にも、両方に活用することができますので、その資料やファイルを、教師だけが占有しないように、子供と共有し合い、実際の授業で、できるだけ活用するように工夫することが、教師と子供の「自信」を深めることに役立ちます。「評価」だからといって、教師だけの責任ある仕事と思わず、子供とともにその学習成果の向上のために、一緒に行い、考え合い、改善し合うことが、お互いに「自信」を高め合ううえで必要です。

なお、一応「観点」は3つですが、それ以外に指導上、自分で気になる点があれば、実際の評価場面では、もっと別の観点を入れてもよいでしょう。そのような主体的な取り組みが「自信」を培うのです。公式の記録にはそのままでは残せないのが残念ですが、実際の指導の改善に役立つことが何よりも大切です。

自己評価に対する相互評価・第三者評価の位置づけ

あまりに「自己評価」の重要性を言い過ぎないために、「相互評価」や「第三者評価」についても付言しておこうと思います。それらも教師や子供の「自信」を強化し、健全なものにするうえで重要な役目を果たします。

一般に「自己評価」は独りよがりになり、自分をよく見せようとする気持ちが働き、甘い評価になりがちです。また思春期になると自尊感情が低くなり、反対に、本来の自分よりも自分を厳しく低く評価しがちです。実際にテストの点数などが出ても、周囲の人と比べて、自分を必要以上に「できない子」に思いがちです。そんなときは、必ず「相互評価」あるいは「第三者評価」の場を活用してください。

「相互評価」は一般に仲間の子供同士の場合が普通ですが、その場合、友達の評価を「他者評価」として扱うことが多いと思います。「僕は70点だけど、君は85点だから、君のほうがよくできたね」というような場合です。しかし、これは「相互評価」ではなく「教師の評価した点数を、子供同士が比べただけ」です。ここにいう「相互評価」は、子供同士で点数を付け合う、ということです。模範解答などはないほうがよいのですが、子供の出した模範解答ならば、それを使ってもよいと思います。ただし、教員はその模範解答を絶対視しないことが大切です。

もちろん、はっきりとした正解のある問題の場合は、厳しくてもよいのですが、そうでないものもたくさんあります。とくに「総合的な学習」や「問題解決・課題解決」学習、創造的な学習などの場合は、柔軟であるとともに、多様な観点で、多角的に評価する方法を子供たちに教えておく必要があります。むしろ、その種の学習こそ「相互評価」を採用してください。それも、「評価規準」自体を子供たちにも考えさせると良いでしょう。

「第三者評価」が大切なものだということも、おのずと分かっていくものと思います。「第三者」ですから、先生でも友達でもありません。場合によっては「校長先生」だったり、外部から訪ねてきた人だったり、保護者の方だったりするでしょう。この場合は、その人にもよりますが、1人だけの評価ではないようにすること、また1人だけの場合はそのような限界のある評価であることを明示すること、が大切です。なぜ、「第三者」の評価が大事かと言えば、「自己評価」も「相互評価」も、完全に当事者とは無関係の第三者ではないため、偏った見方で見ていても気がつかないことが多いということです。

私たちは、時にはピシッと公正中立な観点から評価・評定してもらう必要がある、と感じる不完全な人間です。自己評価や相互評価は、私たちの、には身近で親しみやすく、気持ちのよいものに感じられますが、それでは「第三者」から見て、私たち仲間うちの、馴れ合い評価だと問題にされても、言い返せる証拠が出せません。また、実際、私たち自身も「信用のできる、厳密な評価」をしばしば必要とします。これらの第三者の評価が「自己評価」や「相互評価」と一致した時は、自分たちの評価に「自信」が生まれます。一致しないときは、修正してより望ましい「自己評価」や「相互評価」に変えていくよう、改善意欲を強めます。

問題は、やはり「評価の目的」に帰ってきます。「何のための評価か」ということです。

これまでもよく「評価」は学習者に学習意欲を生み出すものでなければならない、と言われてきました。しかし向上心のない人は「自己評価」に無関心の場合も多いものです。そこで「自己評価」に関心を持たせるために、その意味で「評価活動の仕方」を、教員のみでなく子供たちも学習する必要があるのです。これからはそのような「評価学習」も、子供たちに種々の場で経験させることが求められます。それが子供の「自信」を育て、「自立」へ向けた「自己教育力」を身につけさせるうえで、必要不可欠のものになるでしょう。

第3章
日本人の「生き方」の特徴

1 「自己」をあいまいにすることの奨励

英語の〝I〟にあたる日本語は

最近気になっているのは、大学生の「自己概念」が非常に甘く弱いものになっている、ということです。

この種の問題については、かなり前から指摘されており、最近でも、日本の仏教の禅に帰依したドイツ人、ネルケ無方（むほう）氏は、次のように言います。

「よく言われるように、日本語には「私」「僕」「俺」「われ」「自分」「小生」など、1人称を指す言葉が多くあります。これが欧米人には不思議です。英語ならば〝I〟はいつも〝I〟です。それは王様から一般庶民まで同じです。この〝I〟こそが、変わらないアイデンティティであり、自分の行動に対して責任を負う人格です。当然、それがはっきりすればするほど、主義主張もはっきりしますが、その代わり衝突も多くなる」

（ネルケ無方『迷いは悟りの第一歩—日本人のための宗教論—』新潮新書、２０１５年）

英語のＩに当たる日本語は「私」でしょうが、日本語の「私」も何ほどか色がつく場合がありますから、英語のＩと全く同じとは言えないでしょう。また、無方氏の最後の一文については、大変重要な指摘ですので、あとで論じることにします。

日本人は「間人主義」者だと規定した社会学者もいます（浜口恵俊『間人主義の社会 日本』東洋経済新報社、１９８２年）。つまり、個々人が明確に自己を表示して、議論を戦わせることを避け、個々人の間、人間関係の方の円満さを重視して、多くの場合、個々人の要求を突き合わせず、時に引っ込めるようにして「人と人との間＝関係を重視する」考え方だというのです。

これは、ある意味で、自分の考えの主観性を弱め、客観性を強める面がありますが、自分の判断の主体性・責任性をぼかしてしまうとらえ方で、自分の考えの正しさの確信を得ることはできません。これでは個々人は鍛えられず、グローバル社会に通用する人材には育たないでしょう。「その場の空気を読む（ＫＹでない）」こと、しかも、それが正しいという保証は何もないにもかかわらず、そうしようとする雰囲気をつくり、強めることが最重要視されるからです。

２０１５年に文化庁が発表した、国語に関する前年の世論調査結果では、「いいか悪いかの判断がつかないときに『微妙』という言葉を使う人が３人に２人に上ること」、また「『私《わたし》的には』など断定を避けたぼかした表現を使う人も増える傾向にある」こと、これに対する調査担当者の声として、「場の空気を読んで、断定を避けようとする風潮が広がっているのではないか」との指摘がなされています（『日本経済新聞』２０１５年9月18日朝刊）。とくにこれらの表現は、「悪い」とか「私は」というような断定的な表現をせず、「自分の責任回避」の便利な言葉として浸透しつつある、と評されています。

自己確立の必要性

全体としてこの種の言い方は、当時は若者が使う場合が多く、その「自信のなさそうな態度」には、これでは社会人として通用しないだろうに、と思わせられたものです。「自分で責任を負わずに済ませるには、周囲の状況に委ねるのがよい」といった、「自己主張のない人間」を求める社会の側の甘さが、これを許していたきらいがあります。これでは「自己」はいつまでもはっきりしません。

ところが最近は、責任を明確にすべき社会的な問題が多発して、政治家を含む社会全体にさまざまな責任を問う声が高まったせいか、一時ほどあまり聞かなくなったように思われます。しかし仮に一時的な流行であるとしても、そのような責任回避の風潮を生む土壌が根強くあることは間違いないように思われます。

このように考えると、「日本人の自己」は、その場の種々の「関係」、とくに「人間関係」によって決まるもので、「自分自身」によって決められないという考えを生み出しやすいわけです。実際、最近の若者の考え方は、「変わらない自分」というものを保持して相手の信用を得ることよりも、時代の波に乗って「サーファー」のように、状況や場面次第で態度を変える自分である方が、価値のある生き方だとする傾向にあるようです。

下手に自分を変わらぬ者としてしまうと、変化が激しく、また速い時代の動きについていけなくなる、といった考えを持たせ、強めているのです。このような考えを浅薄に受け止めてしまうと、社会的な信用を失って、社会人として正当な一員と認められなくなる危険があります。人間として社会的に信用されないのでは、何のためにさまざまの知識や技能・技術などの能力を身につけたのか、分からなくなってしまうでしょう。そして、そういう人間の社会は不安定となり瓦解して、ついには社会として成り立たなくなる危険があります。

また、これではいつまで経っても、「個の確立」はなく、「自分の経験・体験」を確かなものと信じることができない人間であり続けます。何のために近代科学を学び、西洋の哲学や政治思想を学んだのかといえば、西洋の思想や科学・技術を深く理解し、西洋人と対等に交流していくためです。もちろん、西洋人も東洋思想を学んできており、この種のグローバル化が進むこれからの時代、日本の考え方だけに固執せず、多様な世界の国々の人と交流していかねばならない以上、学んだことを効果的に生かしていく必要があります。先のネルケ無方氏も、次のようにまとめています。

「自分の言動に対する責任は自分が持つ。それが欧米人の考えです。『させていただく』ことを実感することは、とても大事です。しかし同時に、主体性を持って、責任の所在をはっきりさせることが大事な場面もあります。それは禅の修行道場の場合も、同じことです」

（ネルケ無方、前掲書）

あらためて、これまでの日本人の「自己」のあいまいさを、それこそ内省・反省してしっかり「自己評価」する必要があるように思います。

主体性・責任性をぼかす日本語の特徴

ところで、個々人の自己評価でなく、「日本人」の自己評価となると、どこにそんなことをする者がいるのか、という感想を持つかもしれません。事実、「日本人」という意識レベルでは、日本人はあまり自らを「自己評価」しないように見えます。例えば、過去のことは忘れようといって、自ら反省したり自己吟味したりすることなく、なるべく考えないようにする、忘れることにしようとする、それが大多数の伝統的な「日本人」の態度である、という人もいます。

このことについて考えるのに大いに参考になるのは、日本語の特徴として「主語」があいまいなことです。例えば「日本語」では、とくにあらたまった言い方のとき、「私は…と思います」という表現を避けて、「…と思われます」とか「世間では…と言われています」などという言い方をすることがあります。これが通じる日本語は独特だなどと言われますが、必ずしもそうではなく、英語などにもないわけではありません。しかし、日本人はこれをあえてするほうが、教養ある態度であるかのように認めています。

「（中略）一方で、日本語に一貫したアイデンティティを表す言葉がないというのは、仏教の「無我」の教えに非常に近いかもしれません。そのことを一番忠実に表している言葉が、日本語の「させていただく」です（中略）。道元禅師曰く、「ただ坐らせていただく」自分のことを仏教徒だと思っていない日本人でも、「させていただく」という言葉はよく使うでしょう。自覚せずとも、その感覚はとても仏教的だと私は思います」

（ネルケ無方、前掲書）

これに似た考え方は、有名な『風土』を書いた哲学者の和辻哲郎や、『「甘え」の構造』を書いた精神医学者の土居健郎などによっても、「日本人」の特徴として指摘されており、ほぼ妥当な見方と言えるかもしれません。先述の、日本人は「間人主義」者だと規定した浜口恵俊氏も、個々人が明確に自己を表示して議論を戦わせることを避け、個々人の間、人間関係の円満さの方を重視して、多くの場合、個々人の要求を突き合わせず、ときに引っ込めるようにして「人と人との関係を第一に重視する」考え方だというのです。

これは、ある意味で、自分の考えの主観性を弱め、客観性を強める面がありますが、自分の判断の主体性・責任性をぼかしてしまう言い方であり、これは自分の考えの正しさの確信を得られないからではないかと解釈されます。もしそうであれば、個々人は心理的・論理的に鍛えられず、グローバル社会に通用する人材には育たないでしょう。「その場の空気を読む」こと、しかも、それが何も正しいという保証はないにも関わらず、そういう空気を読んで、そうしようとする雰囲気をつくり、かつそれを強めることがよしとされ、最重要視されるのです。一時話題になった「忖度」などというのも、まさに「関係重視」からなされたものと言えましょう。これではいつまで経っても、個々人の「自己」は自信を強められず、確信を持つことができません。

関係概念としての「自分」

このように考えると、「日本人の自己」は、その場の種々の「関係」、とくに「人間関係」によって決まる「関係概念」で、「自分自身」によっては決められないという考えを生み出しやすいと言えます。これでは「自分」と「自己」が分離せず、常に「自分」のほうが優位を占めることになります。

では「自我」という言葉は、どうでしょうか。例えば「あの人は自我の強い人だ」ということがあります。この場合、「自分の強い人」とか、「自己の強い人」という言い方はほとんどしないと思います。ときに「自分の強い人」という言い方をすることもあるでしょうが、通常は「自我の強い人」ということが多いでしょう。

この「自我の強い人」とは「自分の意見を譲らず、それを押し通そうとする欲求や意志の力が強い人」のことで、この場合、「自我」という言葉には「内的エネルギー・欲求や心の強い力」の意味が込められていると言えるでしょう。精神分析などで「エス es」とか「エゴ ego」とか呼ばれる「無意識に働く内的欲求や衝動・内から出てくる力」を指すものと言えます。とくにあまり論理的・理性的にではなく、感情的・情緒的に強い力を感じさせる場合に「自我の強さ」を感じます。通常、それを自ら意識して、理屈まで加えて押し通そうとしてくるとき、「自己の強さ」ないし「自己主張」も混じってくることが多いように思います。

このように見てくると、そもそも「自分」という概念は社会的な性格を持つものだと言いましたが、「自分」というものは「社会的文脈」の中で、そのつど立ち現れる「関係概念」だということです。しかし、いつもそのように、社会的な文脈で変化する「自分」というものでは、自分自身も不安であり、また上述のように、周囲からも信用されるものと認められない恐れがあります。そこで、少なくとも「変わり方に一貫性がある」、その点では信頼できる、そしてその変わり方は納得できる、というものでなくてはなりません。では、そうするためにはどうしたらよいのでしょうか。

仮に「自分」というものが関係概念であるとしても、その「自分」を後ろから常に裏打ちしている「自己」については、誰からもひとまず受け入れられる「自己」でなくてはなりません。つまりよい意味でも、悪い意味でも、「やはりあいつの本質は変わらないなあ」と言わせるものでなければならない、ということです。もちろん、悪い意味でそう言われないようにしなければなりませんが、「自己統一性」を持つ「自我（自己）体制」は不変でなければならないのです。そのような「自己」と「自分」との関係ができていないと、社会的には望ましい人間関係を築けないでしょう。

2 「他人志向性」で「自信」は育つか

「他者評価」重視の弊害

既に見てきたように、最近の日本人、といってもここ10年から15年ほどの間の日本人を見ているのですが、どうも一面的な「自己評価」をする傾向があるように思えて仕方がありません。それは、いくつもの要因によるのであって、特定の要因をことさらに取り上げるつもりはありませんが、結局、「自己」意識が希薄になり、「自己評価」もきちんとしなくなったため、他者による刷り込み、つまり「他者評価（評定）」がそのまま「自己評価」として取り込まれているためのように思われます。

日本人は、第二次世界大戦後の経済復興によって高学歴化が進み、今では18歳人口の2人に1人以上が大学進学を果たしています。２００９年以後、もし大学を選り好みしなければ、数字上は全ての大学進学希望者がどこかの大学に入れる状況が続いています。しかし、現実には「よい大学を出て、よい企業等に就職する」ことが理想とされており、子供たちはいわゆる

「偏差値」によって「輪切り」の形で「評定」され、それを受け容れざるをえなくなっています。

しかも、年々偏差値の精度が高められ、その「他者評定」は絶対視されてきました。その結果、子供たちを「偏差値」によって評定することが当然視されるようになり、その評定が子供たち自身の「自己評価」として取り込まれるようになってしまいました。学校の勉強ができる子供や受験学力の高い子供を「よい子」と見なすことが、子供間・保護者間共通の尺度となり、その尺度で測れない子供は「よい子ではない」という「自己評価」を受け容れざるをえない状況になりました。そこから「落ちこぼれ」た子供は「自尊感情」を抱くことができず、マイナスの自己評価を行うようになり、未来への希望を失うようになりました。それは、とくに高校生の「学習意欲」の減退として現れています。

観の自己形成について

もう1つ心配しているのは、高校時代に「観の自己形成」が行われなくなった、ということです。高校時代になると、実社会・実生活が間近に迫ってくるとともに、思春期も後半に入り、異性を意識し、結婚や家庭を持つことを考え始める時期になります。したがってこの時期に、「人生観」「結婚観」「社会観」「歴史観」「人間観」などの「観」についての関心を持ち始めるわけです。もちろん、中学校時代にその芽は出始めるのですが、まだ断片的な関心にとどまり、

「観」という一定の考えのまとまり、あるいは体系・システムにまで至らないのが普通なのです。それが、高校時代になると、結婚・人生・職業などを身近な問題として意識せざるをえなくなり、心理学的には各自が自分なりの「観」を持つ必要に迫られます。

ところが、現在までの日本では、この高校生の時期に「観の自己形成」を棚上げさせ、それは大学に入ってからにしろ、といわんばかりに扱います。それを保護者も学校の教員も求めるようになっており、子供はそれに従ってその種の問題を考えないまま大学に来たり、社会に出たりしています。これでは青年期の発達課題である「アイデンティティ identity 自我同一性」の確立は達成されず、「自己」はあいまいなまま浮遊している状態だと言えます。

このことは、もう10年以上も前の、ある総合高校の３年生の女子生徒の言葉に象徴的に表れています。その女子高生は、「選ぶということは、実は捨てるということだと分かった。それができない子は普通科へ行けばいいんだよ」と端的に言い放ったのです。それを聞いてあらためて彼女の顔を見てみたら、「なるほど顔つきが引き締まっている、捨ててきたから厳しい顔をしている」と思いました。比較された普通科高校の問題点を見事に突いていると思いました。

今の、とくに普通科の進学校の高校生は、まずどこかの大学、とくにブランド力のある大学ならどこでもいいから入る、ということを優先しています。「自己」の確立を後回しにして、どれほど学力・能力をつけても、それでは子供に「自信」などつけさせられない、と思います。「あいまいな自己」は「あいまいな自己評価」によるものです。そういう自己しか持てない日本人が、権力や権威に引きずられ、簡単にそれに利用されるのは悲しいことです。

自己陶酔し始めた日本人

『日本経済新聞』の朝刊に「中外時評」というコラムがあり、論説副委員長の大島三緒氏（当時）が「『日本スゴイ』で大丈夫？」というタイトルで次のように書いています。

「ちまたに「日本ってすごい」の称賛があふれている。和食やアニメ、漫画、それに宅配便やコンビニといったサービスの数々、新幹線から炊飯器までのハイテクぶり、小学生がひとりで買い物に行ける治安の良さや街並みの清潔さ、あれもこれもすごいという。テレビのバラエティー番組などで頻繁にやっている「日本ほめ」である。ネット空間でも盛んで、最近は関連本も多い。目立つのは外国人にほめてもらうパターン。世界が「スゴイ」と認めている、というわけだ。（中略）ちょっと前まで「ここがヘンだよ日本人」という番組が人気だったのに、世の中もずいぶん変わったものだ。戦後70年、社会の閉塞感の裏返しか、自信回復の表れか。排外主義や偏狭なナショナリズムに通じるとすればちょっと危うい。」

（『日本経済新聞』２０１５年４月５日朝刊）

筆者もすでに、第二次安倍内閣の登場のころから、この種の雰囲気が広がり、新聞の出版物の広告や電車の中吊り広告の週刊誌・月刊誌の宣伝が、急にそのような論調のものを前面に押し出してきたのを見ながら、その一面的な宣伝・報道・扱いぶりに、政権の言いなりの態度を見て、嫌な気配を感じてきました。最近でこそ少し論調が変わってきましたが、たとえ商業主義だとしても、そのような宣伝が一種の大衆迎合や権力追随の色合いを帯びることは、どこの国でも同じだからです。しかし、そのような社会や国は決して健全だとは言えないでしょう。そのことは、第二次世界大戦中の日本が、嫌というほど経験してきたものなのです。

ここ数年の政治的動向は、筆者の「単なる憶測」ですが、前首相にはアベノミクスに専念してもらい、国家主義・復古主義的な言動は控えさせ、その追随者・同調者が見えにくいところで密かに動いて、その思想傾向を助長・拡大するような、巧妙な役割分担をしているかのように見えました。例えばＮＨＫ会長の人選でも、そのような背景が取り沙汰されたことがあったように、最近のＮＨＫ番組には「日本賛美」を基調とするものが非常に増えてきたように思われます。筆者も好きな「クール・ジャパン」などは、最近は、そんなことにまで日本の良さが出ているとは思えない、と疑問に思うようなものを取り上げ始めていて、その一面的な扱いぶりに強い疑問を感じています。

親日外国人にほめてもらう

とくに問題を感じるのは、先の「中外時評」の言葉にもあるように、「外国人にほめてもらうパターン」を多用することです。この傾向は従来から一向に変わらないようで、その一例が有識者にも表れていて、その不公平な論じ方、自分に都合のよいものだけを用いる「我田引水」式の見方に、何とも言えない不快感を覚えます。なぜなら、そういう論じ方の方が大衆受けしているからです。

例えば、竹田恒泰『日本はなぜ世界でいちばん人気があるのか』（ＰＨＰ新書、２０１０年）には、日本が外国から高い評価を得ていることが繰り返し語られていますが、そこに挙げられている国は、昔から日本に好意的であった国、トルコ、インド、イラクであり、米・英・和・中・韓・比などの国は挙げられていません。要するに、日本が敵国として相手をしたり、植民地化したりした国ではないのです。

同書は全体として「日本および日本人賛美」の書で、天皇制、日本人の優秀さ、明治以降の日本の果たした世界的役割、芸術的感性など、まるで何も欠点も問題もないかのように、手放しで日本および日本人をほめちぎっています。その際、日本賛美に都合の悪い事実は、一切取り上げられていません。こういう本が多くの日本人に読まれているということは、日本人が自分を謙虚に振り返らず、冷静に客観的に「自己評価」しなくなったということでしょう。

こういう傾向が出始めたとすれば、日本が中国大陸に進出した昭和の初めのころの社会的風潮に、再びなりつつあるということです。しかし、これに警鐘を鳴らすジャーナリズムがほとんどないという日本の状況は、結局、「自己中心性」からの脱却ができていないのです。独善的な自己陶酔に身を任せ始めたということです。

さらに、竹田氏は「外国人の反応を見て、我々日本人がハッとするような点は多い」と言って、日本人のよいところを外国人に教えてもらうのは恥だと言いますが、それなら、外国人が日本のよいところを指摘する「クール・ジャパン」を引き合いに出すのはおかしいうえ、逆に自分から、これが日本の良いところだと自慢げにえらぶって言うのも、気をつけないと笑われることになります。

もしそう考えるなら、「諸外国の世論調査で好きな国を問うと、日本が必ず最上位に入る」といった調査のことを持ち出す必要はなく、しかもそれは何も、すべてが天皇制に代表される「日本の伝統」なるものに由来するものではないし、最近のアニメやコスプレなどが伝統に従っているからというわけでもないでしょう。むしろ、そういう古いものを軍事的な脅威に用いずに、平和主義的に展開しているから好まれるのであると言えます。第二次世界大戦の敗戦後の、占領下にできた「日本の平和主義・平和憲法」が、諸外国に好まれていることに全く触れていないのも、一面的な見方だと思います。

このような一面的な論理の行き着く先は、前首相を支える自民党青年部の国会議員に見られるような、現政権の政策に反対する者を、「国」に反対する者と一方的に断じて、その反対論者の意見発表・報道等の自由を奪おうとする、「国家主義・全体主義・社会主義」的な内向きの国家です。そもそも、そういう人が国会議員に選ばれているということが問題で、現代の日本人の多くがそのような態度を支持しているとすれば、日本の自由主義も民主主義も極めて低い水準のものになっていると言えます。憲法の掲げる国民主権、平和主義を変えようとしている保守党政権の、そのような危険な体質が歓迎されているとすれば、日本はまさに政治的に、極めて重要な岐路に立っていると言えましょう。

3　何でも「水に流す」日本人

過去のことは水に流す

すでに多くの人が指摘しているように、日本人には「過去のことは水に流そう」という、それこそ伝統的な風潮がいまだに根強く残っています。この伝統的な考えは、罪ある人に向かっては、温情のある態度のように聞こえますが、それを無差別に一般化して何にでも適用するということには、やはり慎重でなければなりません。

例えば、最悪の例として、罪ある人の側から、「過去のことは水に流してほしい」と求める場合があります。朝鮮や、中国の台湾などを植民地化したことを、西欧諸国もやったのだから、なぜ日本だけが悪かったと謝らねばならないのか、と言う保守派の政治家やジャーナリストがいますが、それは「子供の理屈と変わらない」というべきです。なぜなら、「あいつも泥棒しているのだから、自分もして何が悪い」という居直りに過ぎないからです。誰がしていようと「泥棒は悪い」のですから、自ら謝らねばならないのです。このような態度は「水に流す」こと以上に、不遜な態度ではないでしょうか。

これは、いわゆる日本人の「いい加減な態度」とも言えるもので、そこまでひどくなくても、「昔から日本人にはこういう習慣や考えがあるのだから、自分の場合にも適用してもらえないか」というものです。こういう場合、ほとんどが「自分の罪を許してほしい」と求めているのであり、一種の甘えが出ているわけですが、それを認めてあげようという風潮が、「大人」的な扱いだとの「常識」が、現代の多くの日本人にあるとも言えるのです。

しかし、これは「罪ある人」の側から出すものではなく、あくまでも「裁く側」の人の判断に任されるべきものです。これが個人の場合には比較的明白に意識されるのですが、日本人という「民族」や「国家」のレベルでは、社会的にも政治的にも、日本人は「罪ある立場」であるのに、周囲の国や社会に対してほとんど無意識に行っています。

例えば、「日本」と「韓国」の場合に、「日本」は韓国に対して「罪ある立場」であるにもかかわらず、慰安婦問題などいくつかの問題で、「いつまでこの問題を持ち出してくるのか。もういい加減にしてほしい」といった空気が、かなり多くの日本人の間に見られます。「日本の歴代政府の度重なるお詫びの言動にもかかわらず、いまだにそれを認めないのは、韓国の方がおかしい」という声が、保守派の政治家や論客に多くいて、多くの日本人がそれに和していますが、そもそもなぜそうなのかを考えてみる必要があります。

その理由の1つは、政府がそのようなお詫びの言動をしても、そのすぐあとで保守派の政治家などが、その度ごとに、その言動に反する発言を繰り返してきたからではないでしょうか。つまり、日本人は本音では謝る必要はないと思っており、政府の言動は政治的な建前の、うわべだけのものなのだと受け止められているわけです。実際、慰安婦問題で、日本の国家レベルの関与は全ての場合にまったくなかった、と部分的な証拠だけで主張する人物もいて、お詫びする政府の態度を批判するわけですから、どっちが日本人の本当の考えなのか疑問に思われても、何ら不思議はないのです。

個々人ではなく日本人という国レベルでは、このような矛盾した態度をとる日本人を信用することはできない、と思われても仕方がないと思います。このような矛盾は必ずしも「過去の過ちを水に流す」態度と同じではありませんが、お詫びする必要はないと思う点においては、「いつまでも、うるさいことを言う。いい加減にしてくれ！」という気持が混じっている面があります。

あるいは、日本人自身も自分たちの言動を考えてみれば、韓国人の感情的な頑なさには納得できませんが、韓国人の日本人への不信感は分かると思います。例えば、日本人は先の第二次世界大戦で、アメリカに対する「ハワイの真珠湾攻撃」はほとんど記憶にとどめていませんが、逆にアメリカによる原子爆弾の広島・長崎への投下は、一般市民への無差別攻撃として、記念碑を建てて半永久的に忘れない、と毎年式を続けています。つまり、いわゆる「加害者」か「被害者」かの違いが大きいということです。そのことを、日本人と韓国人との立場の違いに投影してみれば分かるのではないでしょうか。「被害者」の側からは、日本人でも「水に流す」ことはできないのです。

過去の経験と「自信」との関係

あらためて、そのような「水に流す」、とくに「過去の過ちを不問に付す」という考えと、「自信」ある日本人になることとの関係を考えてみましょう。少し考えれば分かるように、「過去は水に流す」態度というのは、「過去から本当には何も学ばない」ということになります。そう言うと、そんなことはない、との反論の声がすぐ聞こえてきそうですが、それは「水に流そう」と言うまでに、かなり考えている時間があった場合に限られると思います。いろいろと過去のことを省みて考えた挙句、「もうここは水に流すことにしよう」と決めるような場合です。その場合は、その間に学んでいると言えますが、日本人の伝統的な考えとして、すぐに過去のこととして忘れることにするならば、その経験から学ぶことはなくなります。

日本人に限らず、人間はあることを経験して苦い思いをすれば、二度とそういう思いはしたくないと考えるのが普通です。それが過去から学ぶということだと思います。とくにそれが失敗やミスだった場合には、そのような失敗やミスをしないようにすることで、その種の問題への対処の仕方を身につけ、一定の自信をつけるものです。しかし、そうでない場合は、いつまでもその種の問題について、どうしたらよいのかわからず、自信もつきません。

とくに、失敗の経験ではなく成功体験の場合は、「自信」がつくものです。「こうしたらうまくいった！」「こういうやり方で、失敗を回避できた！」「今までの経験を前提に、別のやり方を採ったら、見事に成功した！」という経験は、それによって次の問題に立ち向かうときに大きな「自信」を生み、前向きに取り組むものです。「失敗は成功のもと」として、とくにその成功が、それ以前の失敗に基づくものであれば、「自信」も非常に強く確かなものになります。

この意味で「自信」をつけるには、「過去から学ぶ」ことが必要不可欠ではないでしょうか。ところが、日本人は「過去を水に流す」ことで済ませ、「自信」をつけることにあまり熱心ではありませんでした。とくに、世代を越えてしまうと、個人の経験を日本人という集団ないし民族や国家の経験として高めることを、ほとんどしてこなかったのではないでしょうか。なぜなら、個人がした経験・体験を重視せず、そのレベルのものを「社会・民族・国家」のレベルと比べるとき、ほとんどの場合、価値の低いものとしてきたように考えられるからです。

例えば、為政者の権威に弱いなどの日本人の特性は、ここに帰着するものだと思います。数年前にも、あるテレビの街頭インタビューで、「安倍首相の加計学園問題に関する答弁を聞いてどう思いましたか」との質問に、「首相が言うんだから間違いないでしょう」という意味のことを言った人がいました。「首相」という権威がその言動の正しさを保証していると考えており、首相の言動についての自分の理解や判断などにおける「自分の経験」は、疑問の余地なく軽視されているといってよいでしょう。

最近まで「日本の若者のやさしさ」が話題になっていますが、それがお互いを批判し合うことを避けることで、自分も傷つきたくないといった「弱さ」を持っていて、結果的にいろいろな社会問題や政治問題に対して、「政治上の不正」や「道義的な責任」を追及したり、批判したりしない方向に流されているようだと言われています。実際、安倍内閣の起こした不祥事で、森友問題・加計問題・桜を見る会の会計問題等、一昔前なら内閣総辞職になっていたような問題であるのに、結局うやむやになっても、大部分の若い世代は、それをあまり鋭く追及することに熱心ではありません。これは「やさしさ」というよりも、一種の「自信の無さ」の表れであり、自分の正しさに自信がないために、誰かに頼れる余地を残しておくようにする「自己防衛」のように思われてなりません。

自己絶対化は弱さの裏返し

どうしてこのような人がいるのでしょう。とくに、前首相周辺の若手議員で、保守強硬派の人たちは、前首相の言葉はすべて正しい、それに異議を唱える者はすべて間違っている、というものの言い方をしました。この種の人たちは、自分の頭で考えず、権威者のいうことに唯々諾々と従っていればよいのだ、余計なことを言うな、というかのようです。これでは「自分の経験から学ぶ」などということは起こらず、まるで人形かロボットのように、他人に操られるだけの存在です。

この種の人たちが「自信」を持つことなどできるわけがないと思うのですが、逆にこの人たちは「自信たっぷり」であり、「えらく誇り高く」、他の立場や考えの違う人たちを、一方的に、居丈高に「お前は間違っている！」と言い放ちます。このような「自信」や「誇り」は「虎の威を借る狐」のもの、偽りのものであり、逆に何も自分自身の「自信」や「誇り」がないから、権威者からそれを貸してもらっているに過ぎません。声の大きさは、その虚勢を張るためと見られても仕方ありません。明治維新後のこれまでの日本人は、「日本という天皇制国家」というものから、「自信」や「誇り」を借りてきていただけで、自分の個人的経験から「自信」を持ってきたのではないと言ってよいのです。

このような「自己絶対化」は、自分自身を厳しくリアルに「自己評価」してみれば、生まれるはずがありません。そもそも「自分自身」がどれほど完全な人間かと省みてみれば、いかに不完全で、心もとない人間かと思うのが普通の人です。他人を裁く前に、自分を裁いて反省した経験のある人は、「自分が絶対に正しい」などと「自己絶対化」を到底することができないはずです。「全知全能」どころか、「無知無能」に近い自分を見出すでしょう。そんな自分が他人に向かって「お前は間違っている」と断ずる根拠は、自分の中のどこにもないでしょう。もし得られるとすれば、自分の外の、そう信じられる存在にしか得られない。そこで、何かまたは誰か「権威あるもの」に寄りかかるわけです。

「寄りかかる」対象が、子供の場合は親だったりしますが、その場合は「親の権威」を笠に着たり、それを実際以上に絶対化して、相手を威圧したり、威嚇したりするのが通例です。

つまり、そういう存在を持っていると、必要以上にそれを絶対化して、自分の絶対性を強めようとするわけです。言い換えれば、自分は弱いからこそ、そうしようとするわけで、「自分の弱さ」が明らかなのです。それが自分に見えないのは「裸の王様」だからであり、本質を見抜く人は誰も本当はその人の強さなど認めません。

とくに、その「寄りかかる対象」が宗教的な神仏でなく、特定の「人物」である場合は、ほとんど信じるに値しません。最近の政治家の不祥事は、みな社会的には相当の学歴や経歴の持ち主でありながら、保守党などの政党の笠を借りて自分を「権威」づけ、自分の絶対性を見せつけようとしていますが、社会的な常識から見れば、実に子供じみた、弱い人たちだなあと思わざるをえません。「人間の弱さ」「絶対的な正しさの無さ」を見るときは、まず「異性問題」と「金銭問題」に注意するとよいでしょう。

4 「自分の経験」を大事にしない日本人

「経験」を大事にするとはどういうことか

以上のように考えてくると、「自分の経験」を大事にしない日本人がほとんどだ、ということになります。それは、自分の言動に根拠を与えてくれるもの、それをどこに求めるのか、という問題意識と通じます。

少し哲学史を覗いて見ましょう。中世までのヨーロッパは、聖書に書かれていることは文字通り真実で、それが天動説や世界の成り立ちの説明を根拠づけていました。そこにメスを入れたのがルネッサンスであり、また宗教改革でした。ルネッサンスは「ギリシャ思想」（ヘレニズム）の復興を生み、万物の流転、原子説、自然の階層性などについて科学的に考える基礎をつくりました。他方、宗教改革は当時のローマ・カトリックによる宗教界の支配を打破し、法王（教皇）をとおしての信仰ではなく、世俗の中で直接に自国語の聖書をとおして信仰を与えられるというプロテスタンティズムの精神を生みだしました。

ともに、これによって「人間」の言行の価値づけの基準が、聖書やキリスト教のカトリックの信仰から部分的にせよ離れ、別の何かを基準として立てられなければならなくなりました。その試みの1つがレオナルド・ダ・ヴィンチの業績だと言えるでしょう。芸術の分野では、ミケランジェロの人間彫刻に代表されるように、より人間的なものの価値を重視する方向であったと言えます。

思想的には、ガリレオ・ガリレイの「地動説」と、彼が審問を受けた際に口にしたと言われる「それでも地球は動く」というエピソードです。これは、実話ではないと言われますが、聖書よりも彼の実験・観察という「経験」のほうを重視した言葉として、決して見逃せないものです。もちろん、その後も長く地動説は受け容れられませんでしたが、結局は、観察と論理による科学的な人間の行為を、従来以上に信じ得る、価値あるものとして重んじられるようにした端緒だったと言えるのです。

その後、イギリスの哲学者ジョン・ロックがいわゆる「経験論」を唱え、人間は生まれたときは「タブラ・ラーサ（白紙）」であるが、その後の経験によって全ての認識が形成されると主張したことで、「経験」の重要性が新たな意味を持ったのです。もちろん、ルネ・デカルトによる「合理論」も人間の理性を重んじ、理性の働きに正しさを与えるルールや規則性を明確にして、その種の人間の行為を重視したことも忘れられません。ともに、人間の「経験」や「理性」の働きを重視したことにおいて、それ以前の人々とは、「近代的」な人として区別されるわけです。

歴史的に調べると、ここに挙げた人々がどれほどに科学的・近代的であったかは、実はかなり値引きしなければならないようですが、それは聖書やその思想がいかに根強く全ての人々の中に残っていたかを示すものです。科学的な知識がまだ断片的で、一部に偏していたこともあり、この種の人々でさえ、日常的には聖書的なものと科学的なものとを折衷して、混合した形で物事を考えていました。しかし、近代になればなるほど、「経験」と「理性」が重視され、それに反する聖書の思想や考えが退けられるようになります。ただ「現代」では、とくに１９３１年に、Ｋ・ゲーデルが人間の知的営みの「不完全性定理」を示してからは、逆に人間の「経験」も「理性」も、ともに絶対視できないものだという考えが一般化しています。それでも、そのうえでなお、「経験」や「理性」の中心的価値は不変です。

ところが日本では、「経験」や「理性」がなかなか中心的価値を占めないのはなぜなのでしょうか。それは、これらに基づく「科学」が既成の権威や権力者と歴史上正面から戦ったことがないから、という一面があります。むしろ、近代科学は権力者によって導入され、「技術」と結びつけられて、権力者による支配を支えてきたと言えるのです。とくに「経験」は宗教と正面からぶつかることがありませんでした。それは、日本では「儒教」と「仏教」がそれほど教条的でなく、また「神道」とそれに基づく「天皇制」は「反科学」ではなく「非科学」であり、科学以前の原始的な内容であったことにもよると思います。

「経験」と「体験」の違い：「体験」は伝わるか

筆者は学生時代に、一度だけ、代々木公園で行われた原水爆禁止世界大会に出たことがあります。そのときに、広島か長崎の被爆者の方がご自分の体験を、熱を込めて語られたのですが、一緒に行った友人が「こういう体験話はとても貴重だけれども、やはりどこか他人事であり、なかなか自分のこととして受け取るのは難しいね」と感想を漏らしたのです。私も正直に言って、やはりそういう感じを持ったので、「同感だ」と言った記憶があります。

また、名古屋大学の附属学校の校長をしていたとき、やはり附属中学校の修学旅行先が広島で、生徒たちと一緒に、被爆者の方の一人から、木陰でご自分の体験をうかがったのですが、熱心に聞く生徒がいる反面、何人かの生徒がよそ見をしたり、しっかり聞いていなかったりした様子を見て、語られる方には申し訳ないという思いとともに、体験を聞かせることの限界も感じたのです。

その理由を考えてみたのですが、やはり「言葉で体験を語り切ること」はできない、ということです。「体験」は五感全部を働かせているものですが、「言葉」は到底その全てを表現することはできません。「言葉」以上のもので重要なものをたくさん含んでいるからです。また聞く方もよほど「想像力」を働かせなくては、語られた内容を理解することができない、という面もあります。まだ体験の少ない中学生には、「言葉」に引き当てて理解するものが十分ありません。そう考えると、まじめに聞かない中学生ばかりを責めることはできないとも思います。

それに対して対照的だったのは、附属高校の修学旅行先の沖縄での、「ガマに入った体験」でした。このときは、手にしていた懐中電灯などを、全員が消してくださいといわれて消したときの、本当に真っ暗な中に立った体験は忘れられないほどのものでした。どっちを向いているのかさえ分からないこんな暗闇の中で、当時の住民が息を殺して生活していたのかと思うと、そのころの様子がかなり窺い知れたのです。こちらは一種の「疑似体験」であり、これなら伝わると思いました。

「言葉で体験を伝える」ということの限界は、ある意味で「体験」を丸ごと伝えようとするから無理があるのであり、むしろもっと別の「普遍的なもの」を伝えるのが「言葉」の有効な役割であり、それなら大丈夫だろうと思うのです。森有礼の孫の森有正は、「体験」と「経験」を区別して、後者を「言葉」で伝えるもので、それが西欧人と日本人との違いを生んでいるとしましたが、大切なことを教えてくれているように思います。

森有正の「経験」の重要性の指摘

哲学者の森有正は、フランスでの生活を送りつつ、日本人の考え方の特徴を、フランス人など西欧人の考え方と比較しつつ、「経験」と「体験」の違いをもとにして、西欧人が「経験」というものの独自性を大切にして生活している、と指摘しています。

森の言うことを筆者流に要約すれば、「経験」（ドイツ語：Erfahrung）は、他者に対して開いていて、「体験」（ドイツ語：Erlebnis）は、他者に対して閉じているというのです。つまり、「経験」のほうは、他の人と共有可能で、論理的に整理されており、常に修正・発展が起こりうるものであると言います。例えば、自分が体験してきたことの本質を、論理的に整理して「経験」として他の人に伝えることにより、その経験は他人に理解され、吟味にかけられ、より客観的な、誰もが納得するものとなり、その経験を共通の土台にして、討論もその後の経験も、いっそうの深まりを示し、歴史的な知恵を増すものであるというのです。

一方、「体験」はその人自身の固有の意味を持つもので、深い個人的な色合いを持つという点では価値の高いものですが、他の人と分かち合うことのできない独自性を持っていて、むしろ、その個人性・独自性のゆえに一般性・共通性がなく、その人のものとして閉じていると言います。日本人は、どちらかと言えば「体験」にとらわれる方で、それを「経験」にまで高めて抽象化・論理化するという努力を、あまりしてこなかったと言ってよいのではないかと反問しています。この違いには、「経験」を「理性」と対置させた西欧の哲学界・思想界の、分析的・論理的・実証科学的なものの見方が大きく影響したと思われます。

やや難しく聞こえたかもしれませんが、この指摘は重要だと思います。つまり、日本人は「自分の経験」である「体験」は誰もがしているが、それを「分析的に論理化し、その構造を明確化しよう」という態度に乏しいのではないかと思います。たとえ科学者であっても、それを自分の仕事にしている人は、無意識の内に「体験」を「経験」化しているわけですが、それを日常的な生活の中でも行っている日本人は、実は少ないのではないでしょうか。なぜなのでしょうか。

それは、私見によれば、「強い自己」、「体験」を対象化して普遍的な何かを見いだそうとする「主体的自己」を持っていないからではないでしょうか。なぜ日本人は「強い自己」を持ちえないのか。それは、「体験」ばかりで、それを「経験」にまで高める「生き方」をしていないからです。逆に言えば、「自己」が「対象」に出会うという「体験」をしても、その「体験」が「対象」との「関係」の中でつくられて、ある種の「一体感」を生み、完全に突き放して対象化することがないため、「経験」の普遍性・一般性が引き出されにくいのではないかと思うのです。日本人と「自然」との関係などは、とくにそういう面が強いように思われます。

この面では、最近の現象学的な理解や認識も無視できませんが、人間は何から何まで現象学的に認識しているわけではありません。あらためて、「体験」を自分の「経験」に高めるために、「もう一度」（すでに明治時代以来してきましたが）、「主体―客体」の原理的な関係を、「自己―モノ・コト・ヒト」という関係で、分析的・実証的・科学的にとらえ直してみる必要があるように思います。西欧の実証科学を取り入れて、その種の「経験」を積み重ねてきましたが、最近の西欧の思想界がそれを「近代主義（モダニズム）」として自己批判し、現在は「ポストモダン」の時代だとの過剰な一般化をしたために、「主体―客体」の関係が単に相対化されるだけで終わるならともかく、その関係を全面的に否定するような傾向にあることは問題です。

「もう一度」行う必要があるというのは、今度は、そのような科学的な営みだけでなく、日常の生活の中で、「体験」を「経験」にまで高める努力を意図的にしなくてはならないということです。科学的な営みは「自然」という対象の方に関心を集中させますが、今度は逆に、「自己」の方を意識的に、一度、自然を含む他者と切り離して「中立的」に位置づけることが必要です。「経験」にはこのような「自己」が対象に向けて対置されなければ、他者と共有できる論理的なものにはならないと言えます。

第４章
「グローバル化」の中の日本人

1 過去の日本人の「自己評価」
―戦前と戦後に大別して―

飛鳥時代の日本人の自己評価

日本人は、国土が東アジアのさらに東端の離島であり、朝鮮半島や中国大陸と地続きでなかったことにより、一部の人は想像以上に海外を知っていたようですが、外国人との接触は限定的で、外国の影響があったとしても、大部分の日本人はそれほど深く認識せず、比較的無自覚だったと言えましょう。そのような地理的条件の中にあった日本人は、外国との関わりを意識したとき、どのような自己意識および自己評価を持ったのか、少し歴史的に概観してみましょう。

まず、飛鳥時代の日本人がどう自己を認識し、評価したのかを考えてみると、あの有名な聖徳太子が、当時の中国の隋に小野妹子を代表として派遣した、第2回の「遣隋使」に持たせた国書にいわく、「日出処の天子、書を没する処の天子に致す。恙《つつが》無きや、云々」。

これは、隋の皇帝煬帝《ようだい》に対して、自分を対等平等の立場に置いて書いたもので、この書き方に煬帝は怒ったというのですが、日本の天皇が、隋の臣下として日本を支配する、という冊封体制によるものでなかったため、君臣の直接的関係はなく、このような表現になったものと思われます。煬帝も、日本に派遣した裴世清《はいせいせい》に持たせた国書では、日本の天皇に対して「倭皇」と書いて「倭王」としていなかったことを、『日本書紀』は記しています。ある意味で、対等の関係ですが、日本は隋に朝貢を通して交易をしたので、臣下の体裁を取りつつ、自主的に隋に従う姿勢をとっていたことは明らかです。

この後、遣唐使の派遣などにおいても、文化的に先進国であった中国に対しては、朝貢しつつ一定の独立性を維持し、その従属関係は形式的・間接的なものでしかなかったと言えるでしょう。中国向けには対外的に従属しつつ、国内的には対等平等な関係にあると主張していたと言えます。

平安・鎌倉時代の日本人の自己評価

平安時代は、日本は基本的に外国との政治的関係を持たず、平安末期の平家を中心とする支配によって日本は武家の時代に入り、平清盛以後、当時の中国の南宋と日宋貿易をとくに盛んに行うようになりました。このころの宋に対する日本の関係は、主として民間あるいは地方の役人などの私的な交易を主とするもので、清盛が大輪田泊を拡張してのちも、清盛の関心は貿易振興策にあり、宋銭の大量流入による貨幣経済を盛んにしたとされますが、政治的には宋との関係は、それ以前とほとんど何も変わらなかったと言ってよいように思われます。

他方、鎌倉幕府は南宋と正式の国交を開かず、ただ民間貿易のみを認めました。鎌倉時代の、政治的に最も顕著な変化は「元寇」において認められます。宋を滅ぼしたモンゴル帝国は、第5代皇帝クビライ・カーンのとき、朝鮮半島の高麗を服属させ、さらに日本を服従させようと、1268年に高麗を介して使節を派遣してきました。当時の幕府の執権、北條時宗は、外交問題の担当は朝廷であったので、使節団代表の持参したクビライの国書「大蒙古皇帝奉書」を朝廷に回送し、後嵯峨上皇に提出、評定が重ねられますが、結論が出ないうちに使節団は帰国し、クビライには朝貢させることに失敗したと報告されます。

このクビライの国書の書き方は、間接的に日本の支配者を臣下とする関係を望んでいることを示唆するもので、日本を「小国」と呼んでいます。1269年の第4回使節団のときは、国書が皇帝からのものでなく、中央機関「中書省」からのもので、日本に明確に服属するよう求めたものだったということですが、これに対して朝廷は「太政官牒案」を用意しますが、幕府が評定により朝廷に返書をしないよう上奏したため、この度も使節団は、返書を持たずに帰国します。

ここで注目したいのは、この「太政官牒案」草案の内容です。そこには、日本人の自己理解が明確に示されています。要約すれば、「蒙古という国の号はこれまで聞いたことがなく、貴国との人物の往来も無かった。日本は貴国に対して何の好悪の感情を持たない。ところが、貴国は我国に対して武器を用いようとしている。そもそも天照大神の輝かしい祖先から、今の皇帝（天皇）に至るまで、天皇家がこの国の独立を維持してきた。だから天皇の国土を昔から神国と号するのである。この国は知をもって競えるものでなく、力をもって争うこともできない唯一無二の存在である。よくよく考えよ」と、日本の独立性、独自性を主張するものでした（Wikipedia の「元寇」の項を参考に筆者要約）。

ここで初めて「天皇」中心の「神国」という国家観が明示されています。この自己理解は、むしろ日本の方が格上だと自己評価しているようなものですが、実際には元の武力制圧を脅威と感じて、国内的には大騒ぎをしていました。この頃から、実際に2回の「元寇」を通して、日本人は、一方で自己の政治的・文化的な後進性を自覚しながら、他方では元軍を撃退して自国の独立を維持できたことの独自性を強調するという、一種の「二律背反」の矛盾した気持ちを、これまで以上に強めていったと言えるでしょう。

室町時代・戦国時代の日本人の自己評価

まず、室町時代の「遣明使」について簡単に見ておきましょう。足利義満は南北朝の統一後、15世紀初頭、明に対して「日本准三后源道義」の名義で通交を認められますが、これは、当時の明王朝が極端な中華思想による朝貢貿易しか認めなかったため、明の皇帝により冊封された周辺諸国の王が明に朝貢するという、いわゆる君臣上下の関係を示す「冊封体制」を前提として、明の臣下たることを外交上容認したものでした。これにより「勘合貿易」が開始され、1547年の最後の遣明船まで続きます。日本を、明に形式上従属する国として自覚していたと言えるでしょう。

戦国時代にかけては、日本人が中国人・朝鮮人以外の「南蛮人」に初めて出会う時代です。最初の南蛮人はポルトガル人であったと言えます。この南蛮人に最も興味を持ったのは織田信長・豊臣秀吉でした。この2人は、南蛮人の国が遠いヨーロッパにあることを知っていたので、国としての関係をつくるよりも、火縄銃などに代表される、貿易による先進的文化の摂取に、主たる関心があったと言えます。秀吉が「朱印状」を発行して「朱印船」による交易を奨励し、これを徳川家康も引き継いで、東南アジアのベトナム、タイ、カンボジア、マニラ、シャムなどに渡航させていますが、1635年の「日本人の海外渡航・帰国の禁止」令により、全ての交易が廃されます。ただし、倭寇に苦しんでいた中国の明は、日本船の来航を禁止していたため、日本との公的な貿易は行っていません。

他方、室町時代に始まるいわゆる「朝鮮通信使」の来日は、江戸時代が終わるまで続くものでしたが、当初は室町幕府の朝鮮への使者に対する返礼として始まったものとされ、その中身としては、主として「倭寇」と呼ばれた、朝鮮沿岸を襲撃する日本船の海賊行為の取締りを、室町幕府や関係する守護大名に要請するものでした。以後、室町時代末期に至るまで、対明・

対朝鮮貿易は幕府よりも守護大名に主導されていたようです。

しかし、秀吉の天下統一直後に来日した通信使は、秀吉がそれを強要し、その祝賀を求めるためのものでした。秀吉は朝鮮を見下して正式に相手にせず、むしろ朝鮮の宗主国である明を相手にしたため、秀吉の文禄・慶長の役による朝鮮侵攻が試みられたと言えます。

ところで、この間の日本人の自己理解はどのようなものだったのでしょう。応仁の乱により、室町幕府の権威は地に落ち、戦国時代になると、秀吉の朝鮮侵攻の失敗もあってか、明の存在は家康の国交回復交渉まで捨て置かれ、16世紀半ばの鉄砲伝来以後、信長によって、日本の支配者は「世界」が「地球」という丸い球であり、海の向こうにはさまざまな国、人種、文化があることを認識します。もう中国や朝鮮だけが外国ではなくなり、「日本人」という自覚も、中国人や朝鮮人との対比だけではなく、南蛮人たるポルトガル、スペイン、オランダなどのヨーロッパ人のほかに、東南アジアにいた人種、アフリカの黒人やインド人、アラビアを主とする西アジア人をも知るようになります。

そういう世界の多様な人種や民族を知ると、「日本」はその中の1つ、極東のアジアの一国に過ぎないことを自覚するとともに、中国だけが先進国ではなく、もっと文化、宗教、政治の進んだ国があることを知らされて、逆に中国を相対化し、絶対視しなくなります。とくに明が倭寇を警戒して、日本に対して国を閉じるような政策をとっていたため、そのころから中国人さらには朝鮮人を、南蛮人よりも文化的に遅れた人種と考え、それらの国をむしろ蔑視するような見方さえ生まれます。

Ｌ・フロイスによれば、信長は「日本六十六ヵ国の絶対君主になった暁には、一大艦隊を編成して明を武力で征服し、諸国を自らの子息たちに分ち与える考え」（Ｌ・フロイス『日本史』、１５９３年）だったということです。秀吉はこの信長の考えを共有して実行に移したものと言ってもよいでしょう。明の力が弱まっていたこともあって、日本人はかつて元が中国を支配したように支配しようと、この時点では、信長も秀吉も安易な考えを持ったのだと思われます。

江戸時代の日本人の自己評価

江戸時代は、鎖国して以来、ほとんど諸外国との通交がなくなり、幕末までは日本人は外国に対して無知であったように思われがちですが、第８代将軍吉宗などはかなり外国の事情に通じていた、と言われています。朝鮮、オランダとは通商も行われ、中国や西欧の知識・文化は、少なくとも日本人の幕府を中心とする諸大名などの支配層や一部の知識人には、かなり正確に伝えられていたと言えるでしょう。その際、朝鮮に対しては、秀吉以後国交を断絶していたので、最初は日本側から、大名レベルではなく幕府レベルで通信使派遣を求めたとされます。朝鮮側も、明が朝鮮支配をやめたので、慶長の役で捕虜となった者の帰還を求めて使者を送り、対等な友好関係を望んでいたようです。その後は、将軍の交代や世継ぎの誕生に際して、祝賀使節として通信使が12回来日しますが、１８１１年を最後に途絶えます。

では、朝鮮通信使について、当時の日本人はどのように見ていたのでしょうか。幕府の態度とは異なり、一般の日本人は通信使を「来貢使」、つまり日本に従属する国からの、貢物を届ける「朝貢使」と見なしていたということです（仲尾 宏『前近代の日本と朝鮮』明石書店、１９８９年）。朝鮮側もそれを知りつつ、見て見ぬふりをしていたとされています（三宅英利『近世日朝関係史の研究』文献出版、１９８６年）。朝鮮側の国書では、徳川将軍のことを「日本国王」としていたのを、１６３６年以後は「日本国 大君」と変え、将軍側の国書では「日本国 源 家光」としましたが、これによる国家間の上下関係はあいまいなままだったようです。両方が、国内向けにはそれぞれ勝手に、自分の方が上であるとの態度を示していたものと思われます。ところが、第６代将軍家宣のとき、新井白石がこの通信使の待遇と将軍の呼称を一方的に変える挙に出て、「対等・簡素・和親」を旨とし、呼称も「日本国王」に戻したため、朝鮮側と深刻な摩擦を起こしてしまいました。そこで、第８代将軍吉宗は呼称を「大君」に再度戻し、待遇も白石以前の旧来のものに戻したため、以後、摩擦はなくなって、１８１１年に至ったようです。

こうしてみると、江戸時代の朝鮮に対する対応は、国内的には朝鮮を従属させているというポーズをとり、対外的には対等と見せていたと言ってよいと思います。他方、キリスト教の伝道を行おうとした西欧人に対しては、鎖国政策によるオランダとの通商しか行わなかったと言ってよく、中国の真似をして「夷狄《いてき》」と蔑称していましたが、正式の外交上の交流を禁じたことで、西欧諸国の文化的・政治的な先進性を認めていたものと思われます。しかし、幕府はオランダに対して毎年服属を求めており、公式には自己評価は「西欧人」よりも高いものとし、また「朝鮮人」よりも高いものとしていました。この傾向は、戦国時代からすでに始まり、幕末、さらに明治時代にまで及んだものと言えます。

明治時代から敗戦までの日本人の自己評価

江戸時代末期、つまり幕末から第二次世界大戦終了までの日本は、明らかに中国・朝鮮に対しては自分をその上に置き、欧米先進国に対しては、不平等条約を改正するために大きな精力を傾注したように、自らをその下に位置づけていたと言ってよいでしょう。

日清戦争・日露戦争といった戦争経験は、基本的に日本が先進国たる欧米の仲間に入る、いわゆる「脱亜入欧」のためだったと言えます。この意味で、日本はアジア諸国、とくに中国・朝鮮を下に見て、その一部ないし全部を植民地とし、後には西欧を追い出して、その植民地を自分の影響下におこうとしたことは明らかな事実です。また第一次世界大戦、第二次世界大戦は、日本が西欧と肩を並べてその権益を確保するためのものだった、と言えます。

とくに、ここ10年ほどの日本の保守党政治家は、第二次世界大戦時の東南アジア諸国への日本占領を、それぞれの国の解放のためだと言っていますが、建前はそうだったとしても、実質はそれらの国に日本への従属を求めたものであったことは、世界史的に明らかです。「富国強兵」策による「朝鮮」の植民地支配、「台湾」の植民地支配、「満州国」の間接支配等、いずれも西欧先進諸国の仲間入りとその位置の保持をめざしてのことでした。たとえ、西欧諸国とはその支配の仕方が一部異なっていたとしても。

この点については、面白い事実があります。イギリスの歴史教科書の中のあるものに、「近代の後発の2大強国」という章があります。この2つの国とはどことどこでしょうか。実は日本とアメリカ合衆国なのです。つまり、イギリス人から見れば、日本はアメリカと並んで自分たちを追いかけてくる強国のうちの1つとして、歴史的に位置づけられているのです。

ところが日本ではどうでしょうか。通常、日本の歴史教科書は、アメリカをイギリス、フランス、ロシアなどと並べて先進国として扱っています。こういう事実を見ても、「歴史」というものが、国のことに関する限り、決して客観的なものではなく、その国によって異なって描かれることが分かります。「唯一絶対の歴史」などというのはありえないのです。それは、戦争に勝った国と負けた国とで、歴史が異なることを考えれば当然のことです。日本人が自国の歴史を絶対視することはそもそもできないのであり、一段上の、世界的・地球的観点から見ることが必要になってくるのです。それは、どの国の場合も言えることで、お互いに歴史を相対化して、謙虚でなければならないわけです。

敗戦後（第二次世界大戦終了から第一次安倍内閣以前）の日本人の自己評価

今の保守党政治家は、日本の正当性を主張する際に、よくインドやトルコなどのアジアの国の、日本への好意的な評価を引き合いに出しますが、それは建前だけしか知らないからで、植民地化された国や、国土の一部を日本の領土とされた中国は、その実体験からして、実態は明らかに西欧諸国の代わりに、日本が支配国になったと認識したのです。そして、その方が世界的な認識であり、それが部分的に間違っていたり不十分な認識だったとしても、事実をもって全体の認識を変えられない限り、そのもとで世界と対峙して行かねばならないのです。

公平に見て、「自虐史観」は間違いだと言っている人の主張は、部分的には当たっているとしても、全体的な世界認識を変えられるほどのものと学界では見なされていませんし、筆者もそう考えています。実際、安倍前首相が個人的に設けた有識者会議が、アジアへの「侵略」は否定できないと結論を出しています。自虐史観だと主張する人たちは、１９５２（昭和27）年のサンフランシスコ講和条約による日本の主権回復、つまり「独立」国家日本の再生が実現したとき以前の「日本人の自己評価」は、連合国による占領政策によって押し付けられたものであって、「間違ったもの」であるから正さねばならない、というのです。

「自虐」的であることがなぜ「間違っている」「悪い」のか、考えてください。ドイツの人々が「自分たちはユダヤ人を虐殺したことを、悪いことをしたと謝る」態度を取ってきましたが、それは「自虐的」でしょうか。「間違いを正すこと」は自虐的でも何でもないことです。保守党の政治家は「第二次世界大戦中によいこともしたのだから、日本人はもっと誇りを持ってよい」と、まるで何も悪いことをしなかったかのように主張しますが、それは「木を見て森を見ない」ものの見方、一部を見て言えるだけで、全体としては悪いことをしていたのです。また結果的には、今から見れば実際「よいこと」もしたでしょう。でもそれは日本の敗戦後の時点に立って見るからそうなので、当時はそうすることがほとんど「日本のため」だったのです。

日本の独立以前と独立以後を、たとえ分けて歴史を見たとしても、部分的には修正する必要がありますが、全体としては修正する必要はなく、現憲法による政治体制を支える歴史観を変える必要はありません。確かに、これまでの明治維新の描き方などについて、それは勝者の側からの歴史像であり、偏ったものだという主張があります。それは筆者も長年、そういう思いで見てきましたから、共感できます。筆者が学んだ「江戸時代」は「鎖国時代」で、発展のない停滞した時代だという見方は、大学時代以後に学んだ、現法政大学総長の田中優子氏の江戸時代研究によって、完全に覆された経験を持っています。

戦後の日本人の、戦前に対する「自己評価」も明治維新後と同じ

その経験から、戦後についても、同様の見方、すなわち政権や支配権を握った者は「今が一番よい時代で、それ以前はこんなに悪かったのだ」という歴史像をもたせる教育をするもので

ある、という「歴史教育」に対するとらえ方をすれば、戦後日本の政権担当者は、戦前がどんなにひどい時代であり、今がどんなによい時代かを、必要以上に吹き込もうとする歴史教育をしてきたのだ、という思いを持ちます。その点では「占領下」も「独立後」も同じであったといってよいのです。

しかし、だからといってそれを「自虐史観」として退けることは間違っています。なぜなら、それは歴史的な事実を正すためではなく、「自国の誇りを取り戻すため」という、まったく別次元のイデオロギー的な理由によるものだからです。今の日本が「何の誇りも持てず、満足できない国」になっているのならともかく、平和主義（戦争放棄）、民主主義（主権在民）、自由主義の国として、日本人が「誇りを持てる」のですから、それを覆すことは、かえって今の時代を悪く見させようとすることになり、国民の実感が伴わないのは無理もないわけです。すでに見てきたように、必ずしも戦後の日本人が自国に誇りを持っていなかったわけではないことも明らかです。筆者は戦後日本に誇りを持ってきました。

最近の北朝鮮の動向は、日本の平和主義を脅かしていますが、これも必ずしも、現政権が自衛隊の公認により日本を軍事武装化に引き込もうとする契機ないし理由にはなりません。私たちはもっと落ち着いて、世界全体の動きを視野に入れ、問題の核心がどこにあるかを各国に知らせる努力をして、国益を超えて共同して解決に当たらねばならないことを、広く知らしめる必要があります。田中優子氏は「現代の重要な問題はすべて一国を超えるレベルの問題なのに、それを解決しようとする国々がそのレベルに追いついていないことが実は最も重大な問題なのだ」と、あるＴＶ番組で述べていましたが、私もこの十年ほどずっと同じことを、核問題や環境問題を中心に別の言葉で考えてきましたので、深く同感しました。

似た考えは、99歳の最期まで活動をやめなかった、教育哲学者の上田薫氏の「環境問題考―人類破滅への哲学」（『思想』２００９年1月号）という文章にもありますから、識者の多くはすでにそのような認識に至っているものと思います。これこそ、現代の日本人が持つべき時代認識であり、それを現憲法や戦後日本の平和主義が先導的に示してきたことに、私は「誇りを持つ」ことができるのです。戦後自由主義の国として、「国を愛すること」を1つの仕方だけに強要せず、複数の愛し方を認める国であり、また「これに誇りを持て」と上から押しつけるのでなく、国民がそれぞれ誇りを持てるものを複数認める国だからこそ、そういう日本に「誇り」と「自信」を持てるのです。

2 「グローバル化」は日本人をどう変えるか

「グローバル化」は一部の日本人にのみ影響

ところで、「グローバル化」は国レベルの政治や経済界では否応なく非常な速さで進んでいますが、日本人の意識はどうなのでしょうか。すでに日本の若い世代が海外に留学しないことが社会問題になりつつありますが、10年ほど前からその兆候は出ていました。

前出の「高校生の意欲に関する調査」（2006年実施）では、海外留学については、「外国へ行って見聞を広めたい」の設問に「ぜひそうしたい」と積極的に答えた日本の高校生は33・5％に過ぎず、米国・中国・韓国を含めた4か国中で最低です。逆に「あまり」と「全く」とを合わせた「そうしたくない」という回答が40・8％を占めており、他の3か国が20％前後であることと対照的です。

このような傾向は、「高校生の生活意識と留学に関する調査」（2011年実施）の結果でも、似た方向が出ています。「留学したいかどうか」についての設問で、「留学したいと思わない」

と答えた日本の高校生が52・３％であるのに対して、米国41・８％、中国37・５％、韓国17・6％となっており、日本だけが唯一、半数を越えているのです。その理由を見ると、「自分の国のほうが暮らしやすいから」という理由が53・２％と最も多く、次に「言語の壁」が48・１％、「外国での独り暮らしに自信がない」が42・７％、「面倒だから」が38・５％と続いています。

これは実は米国の傾向と同じで、「言語の壁」以上に「外国で暮らすより日本の方がよい」という、豊かで安心できる自国での生活の方がよいとの、内向きの「安定志向」の生き方から脱却できていない、ということのようです。日本が豊かになったことの証でもありますが、時代はそういつまでも日本だけが安定した国であり続けることを許さなくなりつつあるだけに、この閉鎖的な意識からの脱皮を早急に図らなければなりません。それには、言語能力もさることながら、「自立」した人格形成が必要であることを忘れてはならないと思います。

筆者は以前から、日本の歴史的経験を地球的規模から見て、明治維新のときを「政治的開国」の始まり、第二次世界大戦の終了時を「経済的開国」の始まり、そして次に来るのは「文化的開国」であり、冷戦終結後の今がその時だと述べてきたのですが、政権は保守政党に変わり、「自国の誇り」を高調して「日本文化の独善的・商業的宣伝」に力を入れてきました。これでは「日本人の内向き志向」はいっそう強められるでしょう。

本来は逆でなければならず、「日本文化の世界的貢献」こそが求められているものです。その意味では「日本文化の自慢」ではなく、「文化の多様性」「価値の多元性」、そしてその奥にある国境を越える人間の自由と平等を、すべての人に保障する「人間尊重の精神」を訴えるために、どんどん海外へ出て行く日本人が増えなければならないでしょう。「観光立国」が自国の利益を追求するだけのものであれば、いずれ足元を見られることになると思われます。日本国憲法は、やっと日本国民をそのレベルまで導いてきたところなのに、悪いほうに変えられては元の黙阿弥です。あらためて国民自身が「自己評価」してみる必要があります。

産業界の「グローバル人材」要請

最近の社会や産業界の関心事は、「経済のグローバル化に勝ち抜く人材」として、それに必要な種類の能力、例えばコミュニケーション能力、語学力、討論能力などにばかりに向けられている印象がありますが、果たしてそういう能力が育成されていればよいのでしょうか。この点については、産業界の中からも異論が出ていることに、私は心強く思っています。

産業界ではそもそもどんな人材が必要なのかを考えると、上述の「能力」が求められているのは当然のことと思われますが、少し立ち止まって考えてみましょう。現在、産業界は国を挙げて「グローバルな競争時代に入り、実社会・実生活に生きて働く、主体的・創造的で、英語などによる討論などコミュニケーション能力の長けた、いわゆるコンピテンシーの高い人材」を求めています。実際、文部科学省の中央教育審議会に出ていますと、産業界の代表委員は、必ずそういう声を挙げます。

現在の中教審の産業界代表とも言える、元日産自動車取締役の志賀俊之氏も、次のように言っています。

「これからの日本は世界の誰にでも自分の意見を堂々と言え、多様な考え方を持つ相手の意見を理解し議論して、ビジネスができる人材を育てないと大変なことになる」

（『日本経済新聞』２０１７年９月18日朝刊、「教育」欄）

これは、日本の企業にも外国籍社員が増えてきて、彼らと十分競えない日本人社員の様子から、大学でしっかり専門知識を学んでくるようにと学生に求めているものです。

しかし、ちょっと考えてみてください。仮に語学力もあり、理解力も討論能力も高い人であっても、全権委任されていながら、いざ「では、決めてください」と言われたときに、責任逃れのように「ちょっと待ってほしい。誰それに聞かないと決められない」とか「どちらがよいのか、自分の考えでは決まらない」とかいう状況になるようでは、相手に信用されるでしょうか。むしろ、あれだけ議論したのに何で決められないのかと、その能力の高さに比べて、責任意識がないのは、かえって不信感を強めさせるに違いないと思います。

別のことで話題になった元日産自動車会長のカルロス・ゴーン氏が、後述のように子育てにおいて「自立」を促すことを第一としたのは、上記の志賀氏と対照的ですが、筆者はゴーン氏に賛成です。ゴーン氏は子育てのみでなく、経済界でも「自立」した人材が必要だと言っているのです。

つまり、ここでは「能力の高さ」よりも、「意識・態度」などの「人間性・人格性」にかかわる部分が問題にされているのです。この観点から考えると、あるグローバル企業の社長をしている出張勝也氏（オデッセイコミュニケーションズ社長）が自分の留学経験や外国のエリート養成校の例を挙げ、

「自立心と多様性を身につけよう

（前略）団体生活を送りながら勉強だけでなく礼儀や規律、自立心、コミュニケーション術などを学ぶ学校があります。（中略）こういった環境で自立心を養い、ダイバーシティー（多様性）を身につけることがグローバル人材の第一歩だといえるでしょう」

といった意見広告を出していたのを思い出します（『日本経済新聞』２０１２年6月30日朝刊）。

ここで出張氏は、「能力」よりも「自立心と多様性」という、「資質」や「価値観」を求めていると言ってよいでしょう。つまり「意識や道徳性」など「人格」にかかわる部分を第一に挙げているわけです。私は、出張氏の意見に賛成です。いくら「コンピテンシー」能力を身につけても、その人間に自立性や多様性への柔軟な見方がないならば、相手にされないと思うからです。

3 「自己」の永続的追究と「自己確立」

自己の発達過程＝自立の意義

一般に、「自立」という言葉がありますが、筆者の理解では、通常3つの意味で使われています。1つは、最も一般的ですが、「経済的自立」のことで、子供が親から経済的に独立することです。2つは、障害を持つ人の「自立」で、これは主として、子供の頃から障害によって困難を来す「生活的自立」を意味します。その生活に必要な「経済的自立」はその後に求められるものです。3つは、日本では少し甘く扱われてきている「精神的自立」です。とくに、今の社会に依存して、寄りかかっている自立ではなく、それを対象化して吟味にかけ、より良いものに変えようとしていく主体性と能力を持っている、という意味の「精神的自立」こそが強く求められます。この最後のものが、「教育に固有」の価値ある「目的」でなければならないことに、もっと注目してほしいと思います。

教育界では、普通、学校の「家庭科」あるいは「技術家庭科」が、「自立」について明確に扱っています。中でも家庭科では「生活的自立」と「経済的自立」を中心に、その能力と姿勢・心構えを育てることに努めているとされています。この点で、「精神的自立」は、特定の一教科に委ねられるものではないためか、どちらかというと家庭科では軽んじられてきた、と反省されています。（大石美佳・松本しのぶ「大学生の自立の構造と実態―自立尺度の作成―」『日本家政学会誌』第59巻第7号、２００８年：長 拓実「大学生の自立に関する研究―日本とスウェーデンの比較調査より―」埼玉大学教育学部卒業論文、２０１４年1月）

教育界でもっと正面から「自立」を最重要の目標としているのが、「特別支援教育」の世界です。この分野では、家庭科の求めているレベル以前に必要な「生活的自立」について、その達成が困難な障害を持つ子供たちに対して、最終的にその障害を乗り越えて、あるいは障害の程度に応じて、それぞれの子供の可能な「生活的自立」のレベルを変えつつ、できる限りそのレベルを押し上げる方向で、「自立」を達成しようと努めています。

これらはしかし、「自立」の姿として必要不可欠ですが、決して十分ではありません。日本人は3つ目に挙げられている「精神的自立」が外国に比して育っている人が少ない、あるいはそのレベルが低いと言われています（同前、論文）。この点について、筆者はより根本的な「教育固有の目的」としての「自立」を、この「精神的自立」に込めて強調したいのです。

そもそも社会的な「事実としての教育」は、有史以前から、人類が家族をつくり、家庭を守るなかで育児に励み、一定の年齢に達してからは「イニシエーション initiation（ceremony）」

という大人社会への通過儀礼を経て、「一人前の大人」に育ったものと見なされ、社会的な能力の習得の背後に、独り立ちしたとする「精神的自立」の達成を見て、その社会から評価されてきたのです。「能力」以上に「精神において覚悟、責任、勇気、決断などを独力で示せること」がより重要なことだったからこそ、それが「イニシエーション」などで試されたのでした。

「精神的自立」の重要性

このことを教育学界で最初に、正面から強調し事実として重視したのは教育社会学者でしたが、社会の変化に伴い、その「自立」が困難になったとして、その後はこれを強調しなくなり、最近の教育社会学者は、「学校教育」の修了が「イニシエーション」に当たるものとみているようで、現代社会と学校教育との関係ばかりを問題にし、その「教育」の中身や根源をほとんど重視しなくなって久しい状況にあります。しかも、その「学校」教育が「自立」よりも「受験学力」を重視するようになっているのに、そのような状況への批判はあまりされず、とくに日本では「学力」論や「学校」論の観点からしか議論されない現状があり、筆者から見ると、これは非常に残念なことです。

数年前、前出のカルロス・ゴーン氏が、『日本経済新聞』（２０１7年1月29日朝刊）の「私の履歴書」欄で、子供たちについて、「自立し自分で判断促す」との見出しで、次のように語っているのを読み、さすがによく分かっているなと感銘を受けました。

「（前略）父親として、子供には自立心をどう芽生えさせるかを常に考え、接してきた。1つは経済的な自立（financial autonomy）だ。4人ともすでに仕事を持ち、それぞれキャリアを歩み始めている。2つめは知的に自立すること（intellectual independence）、つまり自分で考え、学ぼうとする意欲を持つことだ。そして、3つめが精神的に自立すること（emotional independence）。これが究極の自立かもしれない。（中略）父親のアドバイスは参考にするだけでよい。意思決定は自分ですべきだ」

社会人の代表としてゴーン氏を見れば、親はみな彼の意見を傾聴すべきです。とくに、この場合の「精神的自立」とは、確かに個人的には親から離れていくことですが、他面では正式のメンバーとして社会に入っていくための条件であり、社会を発展させるために、社会の問題点を究明し、その解決・克服のために、年上の世代を乗り越えて、若くて新しい能力を発揮してくれるものとの、期待・希望も託されている性格のものです。とくに現代では「政治的自立」が重要となっており、18歳で大人になることを求められつつあることを考えると、その中核に「精神的自立」が明確に自覚化されていなければなりません。

この「精神的自立」がなければ、他の「自立」があったとしても、他の動物と同じように、ただ周囲の環境に適応して「生きているだけ」の意義しかなく、その環境を改革していく「人間として」生きている意味はないでしょう。このように考えると、この「自立」には「その社会に依存して、寄りかかったままであれば、まだ完全に自立しているとは言えない」ということなのです。この部分において「自立」していないならば、決して「精神的自立」が十分だとは思われません。その意味では「自立」というよりも「独立」というべきかも知れません。調査等で、日本語の「自立」を英語で independence としているのを見て、英語の方がこの語の語源的な意味においても、「何ものにも直接的に依存しない状態」としての「独立」の意味が強いように思われます。

この「独立」に近い意味で「精神的自立」を考えると、「自分が生活している社会に依存・癒着せず、その社会を対象化・相対化して批判的に吟味し、その改善・発展に向けて行動することができる」という意味の「自立＝独立」の重要性が浮かび上がってきます。それを昔の人は「出藍の誉れ」（青［＝若い世代］は、藍［＝古い世代］より出でて、藍より青し［＝古い世代よりも優れたものに成長する］、それを見て古い世代は自らの名誉とする）と言ってきたのですが、今やすっかり忘れられています。古い世代の言うままに育っただけでは、「教育」の固有の意味はなく、単なる人形やロボットをつくる「訓練」「教化」に終わっていると言えます。ところが、実際の学校教育や政財界の求める人材養成は、皆この種のものなのです。「教育」はこれを一部に含みますが、それにとどまらず、その種の能力等を主体的に活用していける自由な精神を養う、「自立した人格の形成」にまで達しなくてはならないのです。それが達成されなければ不十分であり、「画竜点睛を欠く」ことになるのです。

この「教育」固有の「自立」の姿こそが、高等動物のそれを含む「事実としての教育一般に共通するもの」であると、明確に言わなければなりません。なぜなら、親や大人によって巣や住処から追い出されていく子供は、その後の過酷な生活を自ら独力で切り開いていかねばならないものだからです。現在の日本人の「教育」観には、これが決定的に欠けています。

自己と自立

以上のような意味で、一人の人間が成長していく過程を考えると、あらためて、心理学や社会学で「自立」と呼ばれる過程が注目されるわけです。それを「自己」との関係で見ていくと、J・ピアジェの言う、子供のときの「自己中心性 ego-centricism」から脱却していく過程としてとらえることができます。5歳ころまでの幼児は、自分を中心に外界を認識しており、他人の視点や客観的な視点で物事を理解できないと言われます。ただ、それは必ずしも「利己主義」的なものとは言えず、認識の仕方だけを指す言葉です。原語が ego であって、self でないことは示唆的です。つまり、私の用語法では「自我」と訳すべきであって、「自己」のような自覚的・意識的なものではないように思われます。しかし訳語が「自己中心性」とされることが多いので、このような「自我」が無意識的に働きつつ、全体としては「自己」がそれを受けて意識的に扱っている体制的な働きとして、「自己中心性＝自我中心性」という語の意味をとらえておきたいと思います。

思春期に入ると「自我」に目覚める、とよく言われます。「自己」の年齢的な発達の様子を考えると、この「自我」の目覚めなどといった思春期の、個人的な発達特性との関係もあることが分かります。現在では、小学校高学年から始まる思春期の数年間が「自己」の形成に非常に重要だと思います。「自我」に目覚めるとは、逆にこれとぶつかる「他我」をも意識して、これが自分から見て許せないとか、理解できないとかと批評するようになります。

思春期の第二次性徴により、大人に対して反抗的になりますが、それは「自我」ないし「個性」が目覚めてくるということです。このような「自我」が性的成熟と結びついて出てくるのが思春期で、これが3歳前後の第一次反抗期の「自我の芽生え」との違いですが、同時に「自己」も徐々に出来上がってきて、「自我」との関係も複雑になってくるのです。いわば「自我（自己）体制」が明確にできてきて、「自己」の力や性格・特性が構造化されるわけで、だから「個性」が出てくるとか、「独自性・独立性」を追求し始めたりするのです。高校から大学にかけての、この第二次反抗期＝青年前期は、こうして親しい大人から離れて「自己確立」を図ろうとする時期なのです。

自立＝依存性の発達

この面から考えると、「自立」は他方で「社会性」の発達ということと関係が深いことが分かります。「社会性」とは自分以外の他者との人間関係についての概念ですが、この場合、「社会性」があるとか、よく発達しているというのは、周囲の人、とくに家族以外の人との円滑な人間関係が結べることを言います。その意味では「社会性」のある人というのは、「自立」した人と言ってよいと思います。なぜなら、その具体的な中身を見ると、一方で、いつまでも両親や兄弟など、特定の誰かに依存せず、時と場合、相手に応じて自分の責任で周囲の人との関係を、社会的信用を保ちつつ、柔軟かつ効果的に構築し続けることができているからです。

これは小さいころからできるようになっているわけではなく、徐々に質のよいものに発達してくるものなのです。これを「依存性の発達」という側面から解明したのが、高橋恵子氏です。現在はもっと研究が進んで、より精細に議論されているようですが、大きな枠組みはいまだに説得的です。

結論的には、高橋氏は次のように言っています。

（1）依存の行動様式には、次の５つがある。

①　ともにあることを求める。②　注意を向けてもらうことを求める。③　助力を求める。④　保証を求める。⑤　心の支えを求める。

（2）依存の対象の数と範囲の拡大‥

身近な少数の対象のみの段階から、発達につれて、他の人々にも依存行動を向けるようになる段階へ拡大する。

（3）依存要求の強度：

依存の要求の強さが減っていくのではなく、発達のそれぞれの過程の依存の対象との関係で、強くなったり弱くなったりする。

（高橋恵子「子どもの社会化過程と依存性」『児童心理学講座8　人格の発達』金子書房、1969年）

以上の3つの観点から見ると、「自立」の姿は、（1）「依存の行動様式」では、それが⑤に近い人ほど、（2）「依存の対象の数と範囲」では、それが拡大して身近でないものを多く含むほど、そして、（3）「依存の強度」では、その強さが状況や対象に応じて適切に使い分けられるほど、最も高いレベルのものになる、ということです。「依存の対象」として「身近でないもの」とは、単に親や家族でない人のみでなく、すでに亡くなった人、過去の大思想家、信仰上の神や仏などの、抽象的で象徴的な存在を心の支えにしていることなどが挙げられます。

そう考えると、よく言われるように、子供が自分の「依存性」を無くすように求められることは妥当でなく、むしろそれを発達の段階ごとに十分満たしてやらないと、健全な「自立」を遂げることができない恐れがあります。

そこで、高橋氏は「自立」した人の姿を、次のように描いています。

「あたたかい関係を誰とでも持てて、人間というものを信頼しているかのようにふるまえる、いろいろな人の反応に関心を示し、特定の人々にすぐに行動が左右されることはなく、最終的には自己の立場からの判断が下せる場合である。このような人々は、いわば自立的に見える」

このような見方は、現在の青年心理学などでもかなり認められており、その分野の有力な研究者の一人である溝上慎一氏も、次のように言っています。

「理論的に、自立とは親からの離脱（分離）を意味する。しかし、親から離脱することが、『人格的・社会的・経済的自立』につながるわけでは必ずしもない。両者は二重プロセスと考えていくべきものである。（中略）日本人は親からの離脱は、理論的には自立の基本的側面を指すものでありながら、否定的な結果しか得られず（中略）、例えば、分離の高い青年は否定的感情を抱いており、人格的・社会的自立に繋がらないどころか、むしろネガティブな相関を示す」

（京都大学・河合塾共催「学校から社会へのトランジション・シンポジウム」、２０１４年９月26日、プレゼン資料から）

ここでは、一応「親からの分離」の過程を認めつつ、他方で「自立」そのものの過程もあるのではないかと示唆し、「分離が自立にマイナスに働くことがある」と指摘していますが、これは、「依存性の発達」の観点から、「分離の高さ」や「自立」の中身をより精細に分析してみる必要があることを示していると思います。溝上氏の指摘から見ても、「分離」や「自立」が「依存性」を断つことでないことがわかります。

ただ、最近の日本は、「親からの分離」よりも「親との癒着」が強く、また「自立」といっても、その基礎となる、より確かなものが見つけられず、それに依拠することの難しい状況にあります。真の「自立」は、ある種の普遍的なもの、絶対的に信じられるもの、永遠不変の何ものかに依存して初めて可能になるのですが、そのようなものが得にくくなっていると言えるのです。

以上のように見てくると、「自立」とは、依存性を健全に発達させて、一人前の大人らしい自己判断と自己責任を示して、望ましい人間関係を結ぶことのできる、一貫性のある「自我（自己）体制」を構築した状態であり、通常それを「自己」が健全に確立した人の姿と見ていると言ってよいでしょう。このような「自己」の確立でなければ、「大人になった」とは誰も言わないのが普通です。ところが、このことが最近は、多くの人、とくに親や教育関係者に忘れられています。もう一度、私たちは子供の成長・発達や、教育のめざすところが「自立」であることを明確にしておく必要があるでしょう。

「自己評価能力」の育成＝自己評価の難しさ

一般に「自己評価」は、文字通り「自分から自発的に」行うのでなければ、「自己評価」とは呼べないと批判されることがあります。確かに「誰かに言われて、やらされる自己評価」は論理矛盾かもしれません。しかし、実は「自己評価」をそのような自発性に任せておけば必ずそれが行われるかというと、決してそうではありません。先に例示した「生理学的なフィードバック」としての自己評価は、ほとんど無意識・無自覚に、自動的に行われます。そうしなければ意図した行為が達成されないからです。他人に殴られそうになったとき、殴られないように避けることができますが、それは、目から入る情報によってフィードバックがかかり、そのタイミングや力の強さ、自分の顔の位置、距離などについての、無意識の「自己評価」データによって自動的に可能となるのです。生命・身体の安全に関係する最も基礎的なことだからだと言ってよいでしょう。

ところが、「心理学的な反省・内省・振り返り」といった「自己評価」は、決して自然に行われるとは言えません。むしろ、なかなか行われないがために、その重要性が叫ばれるのかもしれません。実際、多くの人が「反省」もせず、やりっぱなし、言いっ放しで、平気でいます。幼児はともかく、大人になってもそういう人が多く見られるのをみると、この「自己評価」が通常いかに行われにくいかが知られます。

しかし、他方、先に述べたように、「自己統一性」を保持するために自動的・無意識的に「自我（自己）体制」のメカニズムが働きます。そのため、基本的には、「反省」がなされないというのは、それまでの「自己概念」を中核にした「自我（自己）体制」でよいということであり、これを変えないようにする「自己評価」が働いていることになります。しかし、この場合は、その人の人間的な成長や変容が起きないという意味で、その「自己概念」や「自己評価」の質がよくないときは、決して望ましいことではないということになります。つまり、求められた「反省＝自己評価」が見られなかった、ということです。

このような自動的・無意識的に行われる「自己評価」活動には、とくにそれに必要な能力を要しません。なぜなら、ほとんどそれは生得的な特性として身に具わっていると言えるものだからです。これが望ましいものであれば、生得的な特性としてそのままにしておけばよいのですが、望ましくないものである場合は、先に述べたように、「意識的・自覚的に」「自己概念」と「自我（自己）体制」を再構成しなければならず、そのための意志や能力が必要になります。ここに、その種の能力を意図的・自覚的に育てる、教育的な働きかけが求められるのです。

自己評価能力の育て方

最近の子供は、失敗やミス、間違いなどを恐がる傾向があると言われます。これは、一方で、子供には「成功感」や「自己肯定感」を持たせることが大切で、そのためには失敗やミス、間違いや誤りをできるだけ経験させないように、あらかじめ十分配慮すべきだ、という考えが広まっているとともに、他方で、子供たちの大人への依存心が安易に認められるので、自分で判断して主体的に行動することを避けても、それを受け入れる雰囲気が社会の側にあると思われます。これでは「自己評価能力」を育てることはできません。なぜなら、自分の活動・言動の結果がどうなるのかを自らチェックし評価することなしには、その活動は決して責任意識・改善意識を生まないからです。一般に、自分に厳しい人というのは、その意味では自己責任意識の強い人、「自立」した人だと言ってよいでしょう。

人間は「自立」するまでは他者による「教育」を必要としますが、「自立」した段階では、「自己教育」ないし「自己学習」の力を身につけている、と言ってよいと思います。社会教育で「自己教育力」が強調されるゆえんです。この「自己教育力」には「自己評価能力」が必要不可欠です。なぜなら、「自己評価」が働かなくては「自己教育」活動を継続的に行うのは不可能だからです。

では、どうしたら「自己評価能力」が育てられるのでしょうか。「自己評価」が「意識的かつ無意識的」であるため、この両面を念頭に置いた育て方を考える必要があります。

この点については、かつて述べたことを一部修正付加して、次のようにまとめてみます。

① 幼時から常に自分の言動を見直し、振り返らせるように注意し、これを習慣化する。

②　プラスもマイナスも、すべての自己評価の最終目的を「自信」の創出に置く。
③　自己評価の甘さ・辛さが見られたら、客観的なデータを対置して示す。
④　何か一つ目標となるようなものを持たせ、それに向かって個人的な努力を尽くさせ、それを個人内絶対評価の方法で評価するようなプログラムを実行・継続させる。
⑤　自学自習＝個別自主学習＝自己教育の方向に向けて、すべての教育を「自立＝独立」を目指すものとして計画化する。

（拙著『自己評価―「自己教育論」を超えて―』図書文化、１９８７年）

これは、一方で、「習慣形成」による「無意識的」なものとして育てるべき面が、極めて大切であるとともに、他方で、その欠点や問題点については、常にその補正のための方策を自ら「意識的に」とれるようにする能力を育てなければならないからです。ここでは「学習」や「教育」の面から述べていますが、通常の生活の中での活動においても、同じ配慮が必要であると言えます。このような「自己評価能力」をしっかりと持つ人の集団・共同体こそが、望ましい柔軟さと高い質の「自立」した個人を生み出すのだと言えましょう。

4 「人格」の核として必要な「自信」

「人格」への無関心

「人格」という言葉はもう死語のようになっていますが、要するに「人柄」とか「人となり」という言い方で、これまでの日本人には通じていたものです。文字通りに読めば「人としての格・品格」、もう少し「価値」を込めて言えば「獣とは違う人間らしさ」、「他の動物とは異なる人間性」、「人間としての品性」などというものを意味するのが普通です。数十年前までは、「あの人は金持ちではないが、人格的に優れた人だ」とか、「社会的地位は低い人だが、あの人の人格は深く尊敬する」などという言い方があったのですが、今の人は「人格」と言わずに「人間的には」とか「人間としては」と言って、「人間」という言葉を使っている場合が多いと思います。

なぜ日本ではここ数十年の間に、この「人格」という言葉が使われなくなったのかを、ちょっと考えてみましょう。そもそも、最近の数十年間、一般の日本人が「人間性」とか「人格性」といった部分よりも、「学力」や「能力」を問題にしてばかりいた、ということが1つの原因ではないでしょうか。高学歴化の社会となり、社会全体が「学力」や「能力」にばかり注目して、それが社会の人間を見る尺度ないし基準となってきた、ということです。その場合でも、本当の実力よりも「受験学力」が価値あるものとして高く評価され、その高さが「学歴」に連動するようになったことで、この間に成長して大人になった日本人の、20代から60代までの大部分の人はみな、自分の人間性や人格性についてはあまり深く考えなくなったのです。

筆者は、「1975（昭和50）年」という年を「不思議な年」と考えてきました。それは、ある人の調査により、その年の「高校生の父親」で「明治生まれ」の人がいなくなったということです〈舘入慧雨「高校生を通してみた日本人の変化」祖父江孝男編『日本人の構造』〈現代のエスプリ・別冊10〉至文堂、1980年〉。そのころから高校生の行動に変化が表われ、「自己中心型」と言われるように、周囲の教員や保護者には無関心になり、自分たちだけで哀歓を分かち合い、何か問題にぶつかると、それを周囲のせいにして不満をぶつけてくるようになった、というのです。

そして、これは彼らの親とくに父親の世代が昭和の生まれとなり、明治・大正生まれの親の持つ「子供の前に立ちはだかる」態度よりも、子供と一緒になって「その不満や不平を周囲に向ける」態度をとるようになったため、としています。もっとも、その後しばらくすると、小泉純一郎氏などの保守党の政治家が「何でも社会のせいにするのはおかしい、むしろ自分の責任によるものと考えよ」と主張して、そのような自己責任論が大勢を占めてからは、逆に周囲に対しては必要以上に気を使い、自分の努力よりも、何でも「周囲の人のお陰」と感謝する態度が急速に一般化するようになります。

筆者は、今でもそれが続いていて、「自分」よりも「周囲」への感謝を忘れないことを、「謙虚」で「美しい」態度だと思う反面、自分の努力も並大抵ではなかっただろうにと、もっと「自分」や自らの「努力」「工夫」「忍耐」などを口にしてもよいのに、と思っています。なぜなら、そういう自分の方からの「独自」で「主体的」な活動の積み重ねが「自信」を生むものだからです。その意味で、もっと自分の「個性」的な考えや思いを、周囲が認めるべきだと思います。サッカーで国際的な活躍をしている選手、例えば、中田英寿選手や本田圭佑選手の言動などを見ていると、しっかりした「個人としての強さ」を持っていて、周囲に対する配慮もしつつ、自分の考えもしっかりしていることに感心します。そうでなければ、海外で活躍することは難しいと思います。

このように考えると、「能力」や「学力」のみでなく、「人間としての成熟度」「個人としての独自の考え」などを示す、「人格」ないし「人間性」といったものが出来上がっていないと、これからの世界のみならず、日本においてさえも通用しなくなるということです。

「人格性」が「自信」の源

よく「自信がない、自信がつかない」といって悩んでいる人がいます。そういう人は大体において、今もっている「能力」を高めていけば、誰にも負けない人間になり、そうすると自ずと「自信」がつくように思っています。確かに、ボクシングの選手などが、王者になるまで「能力」を高めていって、最後に王者に挑戦して勝つだけの能力を示せば、その挑戦者には「自信」がつくように見えます。

しかし、よく「王者の風格」などという表現があるように、「能力の高さ」だけでは「風格」は生まれません。「風格」は「自信」で裏打ちされているのが普通です。その際、「能力」だけでなく、その人の「哲学」や「ものの見方」などから成る「人間性」が認められるのではないでしょうか。「ボクシング観」「勝負に対する見方・考え方」「人間観」などが、周囲の人を納得させるものであることが、「風格」や「自信」を生んでいると言ってよいと思います。

もちろん、「能力」なしに「自信」も「風格」もありません。周囲の人が「能力の高さ」だけで評価するなら、その人はそれだけで「自信」を持つことができるかもしれません。けれども、その「自信」はどこか足りないと自分には思われると思います。例えば、「勝っているだけで、負けたことのない王者」は確かにすばらしい選手ですが、その選手の「自信」を見て、「すごい」と思う反面、「大丈夫だろうか」と思うのが普通ではないでしょうか。一方、一度でも負けたことのある王者についていては、「負けた経験」に補強されているので、それほど一面的な自信ではないだろう、という見方が可能です。

「自信」というのは、その面から言うと、「多様な経験」をしているか否か、に大きく依存しているように思われます。小さい頃から、いろいろな苦労をしてきた人は、「自信」がついています。それは「能力」からではなく「経験」からなのです。「経験」は「能力の向上」も生みますが、むしろその「能力」の位置付けや価値付けをしていて、多様な価値観で柔軟に受け止められるような「心の余裕」を持たせるのです。

「自信」というものは、「経験」を通すとき、「能力」よりも「人格」との関係で健全なものになります。「経験」の多様さは、まずその人を謙虚にさせます。つまり、自分の言動・考え方などの「相対性」を認識させるのが普通だからです。以前に、ある幼稚園の男性の園長が、小さい幼児に水泳の飛び込みを教える際、臆病な子供が泣き出して飛び込めないのを、さまざまの声かけや工夫で成功させている場面がTVで放送されたことがあります。その「スパルタ教育」ぶりが人気で、入園希望者の倍率がすごいと報道されていましたが、筆者の評価した点は、園長が行っていたのは、幼児期にこそ恐がる自分、逃げようとする自分を乗り越える「克己心」を育てることを目標として、子供たち全員にその目標を確実に到達させ、その「成功体験」により、「自分でもここまでやれる」という「自信」を育てていたことです。3、4歳の頃の子供はまだ偉ぶったところは全くありません。

次いで、多くの経験をしてきたことが、何事に出会っても驚かない「余裕」を生み出します。その「余裕」は心のありようですから、「能力」ではありません。物事を冷静に見るモードを保障してくれます。この「物事を冷静に見る」経験の積み重ねが「自信」を生んでいると言ってよいでしょう。それを可能にするのが「自己評価」なのです。

「自己評価」は、行為している自分とは別の、もう1つの目を頭の中に持つこと、あるいは、もう1つの目を中空に持つということです。それが常に働いているときは、客観的に見て「余裕を持って、冷静に見ながら」、行動が行われているということです。そういう経験の積み重ねの中から「自信」が生まれてくるというわけです。

5　「自己評価」と日本の教育

国による「誇りを持たせる教育」は成功したか

世界各国が、グローバル化の方向で連携するのかと思ったら、日本のみでなく世界各国が「自国第一主義」を掲げ、分断化や対立化が進みました。これまでの保守政権下の日本の教育も、「日本人としての誇り」を持つようにすることに、力を入れようとしました。２０１９年度までの学習指導要領は、当時の下村博文大臣の２０１４年11月の諮問文を受けて、既述のように、「自己肯定感や学習意欲、社会参画の意識等」の低さを問題にし、「子供の自信を育み能力を引き出」し、「教育基本法の理念」を十分に実現する、という方針のもとで作成されるよう求められていたものだったのです。

果たして、その結果はどうだったのでしょうか。筆者の知る限り、「自己肯定感」や「子供の自信」を生み出すことに成功したというデータや声は見たことがありません。それは、前の学習指導要領がその方向で十分に作成されず、実施もされなかったからだ、という保守派の政治家の不満の声が出そうですが、主だった人の誰からも、報道されるほどの大きな声は出ていません。過去10年の間に小・中・高の12年の大部分を過ごしたはずの、高校を卒業して大学へ来た学生を見ても、時に奇妙に自信たっぷりの生徒や学生に出会ったことはありますが、そういう生徒や学生はどこか独りよがりで、自分を客観視できていず、浮いていました。それこそ、きちんとした「自己評価」ができていないのです。

２０１４年の国立青少年教育振興機構の高校生調査で、「自分はダメな人間だと思うことがある」と肯定する生徒の割合は、米国45％、中国56％に対して、日本は73％であるとのことですが、現在の大学生以上の若者はその意識を基礎にしているに違いありません（「『見たいものだけ見る政治』支えた国民意識　宮台真司氏」朝日新聞デジタル２０２０年９月14日）。10人中７人以上の若者が、自己肯定感も自信も強まっていないとすれば、過去10年間の教育政策は、少なくともこの点については成功していないと言わざるをえません。したがって、このような政策は修正されるべきものと思います。

「自己」を見つめる「メタ認知」への注目

実際に、日本の公教育学校の国家基準を示してきた学習指導要領では、現行のものは「生きる力」の構成要素として、次のような草案を前提にした「資質・能力」を踏まえています。

ア　教科等を横断する汎用的なスキル（コンピテンシー）等に関わるもの
（a）汎用的なスキル等＝（例）問題解決、論理的思考、コミュニケーション、チームワーク、意欲など。
（b）メタ認知（自己調整や内省、批判的思考、創造的思考等を可能にするもの）
イ　教科等の本質に関わるもの（教科等ならではの見方・考え方など）
ウ　教科等に固有の知識や個別スキルに関するもの
（文部科学省・育成すべき資質・能力を踏まえた教育目標・内容と評価の在り方に関する検討会―論点整理―、2014年3月）

この中にある「メタ認知」は、新学習指導要領でも非常に重要視されています。ただ、上記に例示されている「自己調整」や「内省」、「批判的思考」「創造的思考」は、どちらかと言えば「認知」、認識に関わるものが中心で、「行為」とくに「道徳性・倫理性」に関わるものは示されていません。しかし、「メタ認知」は「道徳性・倫理性」などの「非認知能力」と非常に密接な関係があります。そしてそれは「自己評価」と不可分の活動です。

一般に「メタ認知」は「自分を客観視する能力＝自分が認知していることを認知すること」、筆者なりに言えば「自分が行っていることを、もう1つの自分の目で見ていること」です。そこから、有名なソクラテスの「無知の知」などが例として挙げられるのです。

彼は敵対するソフィストに対して、「彼らは何も知らないのに知っていると思い込んでいるが、私は自分が何も知らないということを知っている」と喝破したわけです。もっとも、ここには単なる「メタ認知」以上の意味が含まれていますが、今はそれについて論じません。

現行の学習指導要領は「主体的・対話的で深い学び」という学習・指導形態を学校現場で展開するよう求めていますが、ここに「メタ認知」的な心の働きが伴わなければ決して効果的な学習は生まれません。「メタ認知」を「自己評価」と同じものと見て、授業時に「振り返り」の時間を数分間置いているから、「メタ認知」を行わせている、と主張する人がいます。心理学的にはそう言えるかもしれませんが、授業時の「メタ認知」は決してそれだけで終わる単純な活動ではありません。最後のみでなく、すでに最初から、また途中の過程においても、常に働いているものです。

その意味で、「メタ認知」をもっと「自信」や「自己肯定感」につなげる活動として重視するという姿勢が必要です。

「振り返り」を前向きに生かすものに変えよ！

これまで「自己評価」活動の多くが、通常では授業時の「振り返り」の時間として設けられてきました。しかし、これは大体において、授業の最後の場面で行われる活動と見なされてきました。そして、これも「メタ認知」の活動として扱われてきたと言えるでしょう。この場合、もし「振り返り」が行われるとしても、あくまでも「メタ認知」の一部としてに過ぎず、「メタ認知」にはそれ以外に「評価」「修正」ないし「強化」「予測」などの、問題解決的・創造的な働きがあります。「メタ認知」は広義に解されると決して明確なものとは言えませんが、「振り返り」などの授業時に学習者に求める活動が、「メタ認知」をどこまでのものとして用いるのかを、明確にしておく必要があります。

「振り返り」は「自己評価」の最も一般的なものとして授業で活用されていますが、安易なものに流れている場合も多いので、授業では、単なるルーティン（決まり切った活動）として、やっつけ仕事のように受け止めている子供もいないわけではないのです。実際、多くの授業で、「また『振り返り』か。いつものように書いておこう」といった態度の子供をたくさん見てきました。とくに「時間がないから、早く書いてください」などと言った場合などは、子供は何のために「振り返る」のか、その意味や必要性をあまり考えていないのが普通です。

「自己評価」は、本当に意図的・自覚的・意識的に行われているなら、それは「自分のやった行為の結果を確認して、次の行為に効果的につなぐために行われる」はずです。つまり、次の自分の行為を、確かでやりがいのあるものにするために行うはずです。そのためには「間違い」や「見当違い」や「うっかりミス」は、非常に大切な情報になります。「振り返り」も、そのように、次の未来の行動のために情報を集める活動であり、何も間違わなかった場合よりも、間違った場合の方が価値があるということ、とくに最終的な学習地点に到達する途中の場合には、非常に大きな価値があるということを、教師は子供たち、学習者に明確に伝えることが必要です。

優れた実践家が「教室は間違えるところだ！」とか、日本人のノーベル賞学者が「間違えるということはよいことなのだから、間違いを恐れてはいけないよ！」と強調していることを、教師や保護者・大人が正面から受け止めて、子供たちに「自己評価」により間違いが見つかったら、自力で間違いを見つけたことをほめるなど、前向きの学習を展開するためには、「間違い」こそ価値のあるものなんだ、という「良識」を持つべきだと思います。それが教員の共通認識になるならば、子供たちは「自己評価」をしっかりやって、その「自己評価能力」を育て、周囲からほめられ、益々意欲的に学習に取り組むことでしょう。

おわりに―「自己評価」の重要性の再認識を―

「誠実な自己評価」を絶やさず、「謙虚な」日本人に

私には、「はじめに」に記したように、『自己評価―「自己教育論」を超えて―』（図書文化、1987年）という、本書と似たタイトルの著書があります。これは30年ほど前に、フルブライト若手研究員としてアメリカへ研究留学し、帰ってきてから書いたものです。時代的にも合っていたためか、13刷まで版を重ね、教育の専門書としては、思いがけず10年を超えるロングセラーとなりました（現在は品切れ、重版未定）。

本書は、それを読んでくださったある出版社の編集部の方々から、もう5年ほど前に、これに類するものでよいので1冊書けないでしょうかと言われ、一応お引き受けしたのですが、なかなか思うように筆が進まず、いまに至ってしまったものです。

私としては、「日本人」がなかなか世界的視野を持たず、内に閉じこもって仲間内で自分たちのことをもてはやすだけで、少しも世界に向かってものを言わないことに、相変わらず精神的に成熟していない日本人が見えてしまうのです。そしてその理由を、日本人の「自信のな

さ」に見て、どうしたらその「自信」が生まれるかを考えたとき、それは「自己評価」によってであり、日本人はこの「自己評価」をしっかり積み重ねてこなかったからだ、という思いにとらわれたのです。

「自信」は、「持て」と言われただけで持てるものではありません。そのことは私自身が経験してきたことですし、ほとんどの人が経験しているでしょう。では、何によって「自信」は生まれるのでしょうか。「経験」や「体験」の豊富さを挙げる人は多いと思います。それなら経験が豊かなはずの「年寄り」はみな「自信」を持っているかというと、実際はそうではないといってよいでしょう。それは、そのような経験や体験を誠実に「自己評価」して、自己を向上させてきた人にだけ認められるものなのです。「自信」のある人は「向上心」も失っていませんから、常に「謙虚」です。「向上心」のあることが「自己評価」の前提です。

これからの日本を背負う人たちが、世界からどう見られるかを考えたとき、常に「向上心」を失わず、そのための「誠実な自己評価」を絶やさないことで、常に「謙虚な」日本人になっているか否かが、決定的に重要だと思います。もし日本および日本人を支配しようとする国が現れたら、世界中の国が「何ということをするのか」とその国を批判して、日本を弁護してくれるような、そういう価値のある国になることを願っています。

大学生は「生徒」か

最近やっと「自立」という言葉が、あちこちの書籍や文書に増えてきたように思います。それとも、これまでも使われていたのに、筆者自身が意識していなかったため気づかず、問題意識を持ち始めたから見えるようになっただけでしょうか。でも筆者自身は「教育学」の世界でずっと「自立」の問題を意識してきたのに、教育学の著名な学者の著書を読んできてもあまり気づかなかったのは、少なくとも教育にとって中心的なこととして強調されてこなかったからだ、ということができるように思います。

むしろ最近は大学生のことを、マスコミだけでなく一般の人も、何のためらいもなく「生徒」と呼んで「学生」と呼ばなくなりつつあるのを見て、ほとんどの大人は「自立」ということを通常考えたこともないという社会状況なのだ、と認識させられます。

日本の現在の保守党の政府は、これまで「国民のみなさん、私たち国が全てやるので、どうぞお任せください。私どもに『依存』していいですよ。その代わり、政府に対する批判や異論を言うことは許しません」という態度でした。しかし、それが「政府に任せたら大変だ。仲間だけに便宜を図り、自分たちの好きなように国家づくりをしている。必ずしも、そこまでやってよいとは言っていないことまでやろうとしている。任せたら何をするか分からない」という状況が生まれています。これからは少し変わるでしょうか。

日本人は「自由民主主義」を経験してまだ75年しか経っていませんが、果たしてその政治体制を健全に維持・発展させる市民的・国民的力量を身につけたと言えるでしょうか。この年数は、実は、明治政府ができた1867年から1945年までの、「天皇制国家主義」の政治体制の年数より数年少ないだけです。そう考えるとこれからが正念場ですが、健全な力量はどうしたら身につくのでしょうか。

それは、「自分の経験を大切にし、その質を常に評価・吟味して、注意深く前進する以外にない」と言ってよいでしょう。これまでのように、自分の経験よりも、誰か偉い人の言葉や他人の経験を当てにしていてはいけないのです。これからの時代、「他人の褌《ふんどし》で相撲をとる」ような考えでは、グローバルな政治・経済の困難さの中で、地球環境問題が深刻化するに違いない状況を乗り切ることは到底できないでしょう。

日本は、その上に、超高齢化と少子化が著しく進行して、他の先進国よりも早くそれらの問題への対応を迫られることになることが明らかです。まさに、先進国中の先進国として、「経験したことのない時代を、生の経験をしながら、他国のモデルとして歩まねばならない」という境遇にあるのです。それにもかかわらず、私たちはどこか暢気ですが、これでは子供たちに模範を示せません。もっと毎日の生活経験を大切にして、絶えず「自己評価」していくことが求められています。

ホロニックなアプローチを支える自己評価：自己教育力のために

筆者は先の著書『自己評価』の刊行から7年後に、自分の「自己評価」論をさらに進めようと、新しい全体論的視点から「ホロニック・アプローチ」による試論を行ってみました（『教育における自己評価』試論―知識から知恵へのホロニック・アプローチ―」『名古屋大学教育学部紀要（教育学科）』第40巻、第2号、1994年3月）。「ホロニック（全体子論的）」というのは、あるものを構成するどの1つの分子も、その全体と相互作用関係を持つ存在だとして、「ホロン（全体子ないし関係子）」という概念用語を打ち出したA・ケストラーに依拠したものです。これを生命体の特徴として重視した生命科学者の清水 博氏の考えや、システム工学者の石井威望氏の考えに共鳴したのは、この相互関係ないし相互作用は、人間の場合、精神的・心理的には「自己評価」活動として行われていると考えたからです。

要素ないし部分と全体とは、常に相互に連絡し合っていて、両者には情報のやり取りがあるからこそ、生きている状態が保たれるのだ（その状態が「動的平衡」という福岡伸一氏の概念につながると解される）との考え、個体以上の集団を成しても、個人と全体（全員）とが相互依存・相互作用の関係にあるとの考えに基づき、「自己」についても、決して他者との関係を無視できないと考えています。人間だけが「意味」や「価値」の世界を持ち、「知識」よりも「知恵」を働かせることができるのは、この「自己評価」活動による相互作用関係＝情報の往還が核になっているからだと思います。

とくに「現代」では、人間にとって「知識」よりも「知恵」が重要で、「知識」はコンピュータにビッグ・データとして内蔵される時代になり、人間は知識を、何から何まで無際限に記憶する必要はなくなりました。むしろ、記憶すべき知識を絞り込み、目的に応じてそのビッグ・データを処理するコンピュータやAIを吟味し、縦横に操る「知恵」の能力こそが求められるようになりました。その「知恵」は、まさに「意味」や「価値」にかかわっており、それらとの関係のもとに、人間が自らの行為・言動に「自信」をつけるために、向上心を保ち、どれほどきちんと「自己評価」することができるかにかかっています。

そして、この「知恵」は、最終的にはAIからも「自立」する基礎となるものでなければなりません。AIを相手にして、それからも学ぶとともに、それを自分のため、周囲のために効果的に生かす能力が必要です。それが「自己教育力（自己学習力）」であり、それには「自己評価」をしっかり行える人でなければ効果的な「自己教育」は成立しません。

「教育面における自立」は「自己教育力を持つこと」を意味します。その観点からみれば、この意味で、「自己評価」によって得られる「知恵」を通して「自信」を増し、それによって「自己教育力」を健全で効果的な「自立」に向けて育ててほしいのです。

自己評価は必ず両面で

「自己評価」は自分の悪かったところ、失敗したところを改めて、少しでもよい方向に変えていくことだけを意味しません。むしろ日本人には、自分たちのよさや成功したところを他国の人に促していくことも、いままで以上に必要です。日本人は、「自己評価」というとすぐに「反省！」というマイナス部分を重視しがちですが、むしろ「日本人の独自のよさ」を、世界に貢献できるものとして提言していけば、まさに「自信」というものが生まれるのです。

日本人の間では、「自己評価」という言葉を一面的に理解し、それは「過去志向」だからよくない、むしろ日本人を「未来志向」にするには、よいところをどんどんほめること、「ほめる文化」に変えなければいけない、と主張する人がいます。とくに欧米の文化に触れて、その種の文化のよさを実感した人ほど、そう反論してきます。

しかし、日本人はそちらの文化に乗ると、往々にして一部の人のように、周囲の賞賛に有頂天になり、自国を絶対視して何でもよしとする、視野の狭い「過信」になりがちです。単なる「手前味噌」の独善的な自己顕示でなく、世界の人々の役に立つという「国際貢献」の文脈で、他の国々のよさも正面から認めつつ、自分たちのよさもその一つとしてアピールするものでなければなりません。その「本来の謙虚さ」が、かなりの日本人に欠けているのです。

「自己評価」は、その意味で決してやさしいものではありません。しかし、冷静で、誠実に、公正な評価を自己に対して行うこと、また行おうと努めることは、周囲の人々、世界の人々に

「信用」を与えます。そのためにもこれからの時代、日本人はそのような「自己評価」活動をすることが、必要不可欠の文化として求められてくるでしょう。そしてそれは、例えば「環境影響評価」のような形で、遠からず「地球全体の」グローバルな営みとして、全ての国の人々に必要なものとして受け入れられると信じます。「日本は自己評価をきちんとやり続けている国だ。日本人は自己評価をできるだけ厳密にやろうと努めている」といった評判を世界的に得られるようになれば、そのような「信用」を通して、日本人の健全な「自信」が必ず生まれるものと信じています。

最後に本書の刊行に格別のご支援をいただいた、図書文化社出版部の大木修平氏に心から感謝申し上げます。同氏の懇切で丁寧な助言と、気力の失せかけた筆者への激励がなかったら、本書は日の目を見なかったと思います。ここに、特に記して感謝の意を表します。

２０２１年３月の数えで80回目の誕生日を前にして　著者

安彦忠彦（あびこ・ただひこ）
1942年、東京都生まれ。東京大学教育学部卒業、同大学院教育学研究科博士課程中退。博士（教育学）。大阪大学助手、愛知教育大学専任講師、名古屋大学助教授、同教授、早稲田大学特任教授を経て、現在、名古屋大学名誉教授、神奈川大学特別招聘教授。専門は教育課程（カリキュラム）論、教育方法、教育評価。
主な著書として、『新版 カリキュラム研究入門』（編著、勁草書房）、『「教育」の常識・非常識』（学文社）、『私教育再生』（左右社）など。

〈クレイス叢書〉03
自己評価のすすめ
―「自立」に向けた「自信」を育てる―

2021年 3 月16日　初版第 1 刷発行［検印省略］

著　　者　安彦忠彦©
発 行 人　福富　泉
発 行 所　株式会社 図書文化社
〒112-0012　東京都文京区大塚1-4-15
TEL 03-3943-2511　FAX 03-3943-2519
http://www.toshobunka.co.jp/
装　　丁　中濱健治
印刷・製本　株式会社 Sun Fuerza

ISBN 978-4-8100-1753-3　C3337